'PANORAMA DOCTRINAL'
Manual de Estudio

Conociendo las
Rutas de las
Enseñanzas
Espirituales

(C.R.E.E.)

**Un Compendio
Doctrinal y Práctico
de la Enseñanza Bíblica**

_____
Nombre

Este manual debe ser acompañado del CD correspondiente
para llenar los espacios en blanco.

GnG Publishers
122 Skinner St.
Centerton, AR 72719

Autor:
Daniel Cerda
jdcerda@yahoo.es

Arte de pintura de la imagen del autor:
Lidania Cerda

Primera edición: 2014

Las citas bíblicas han sido tomadas de la Biblia Reina-Valera 1960
© Sociedades Bíblicas en América Latina.

Copyright © 2014 por Daniel Cerda.

Prohibida la reproducción de este material sin autorización previa del autor.

Categoría: Doctrina

Impreso en los Estados Unidos de América.
Diseño de Portada por cortesía de: StockPhotosforFree.com
Portada diseñada por R. E. Clark.

ISBN-13: 978-0615908014
ISBN-10: 0615908012

Dedicatoria

Dedico todo este trabajo, primero a Jesucristo, el Dios Todopoderoso, quien es el Señor de la Iglesia. Además, a mi esposa Lina, a mis hijos Edrei y Lidania, a mis padres Julián y Aurora, y a todos los maestros que han sido parte de mi formación en la vida cristiana y el ministerio. También lo dedico a mi amigo y compañero de ministerio R. E. Clark, quien sirvió de ayuda y apoyo para esta publicación; y al consiervo José Binet, por su valiosa colaboración con sus correcciones. Finalmente, dedico esta obra a todo aquel que ha sido llamado por Dios para servirle con pasión en Su Iglesia, para que cada creyente sea perfeccionado.

Contenido

Introducción..........................ix

Biblia...................................1

La Trinidad........................9

Dios – Padre......................15

Dios – Hijo........................21

Dios – Espíritu Santo.............41

Los Ángeles.......................49

Satanás..............................59

El Hombre.........................65

El Pecado..........................81

La Salvación......................89

La Iglesia..........................103

Eventos Futuros..................121

Conclusión........................147

Notas Finales.....................151

Bibliografía.......................155

INTRODUCCIÓN

El ser humano fue hecho para poder ejercer ____ (creencia). Nadie puede negar que cada persona, institución o grupo tenga _____. El organismo más privilegiado que existe en la tierra es la _____, porque ella tiene como fuente de enseñanza o doctrina la revelación misma de Dios, grabada en los escritos que conocemos como la _____. Cada persona que es cristiana o que pertenece a la Iglesia de Jesucristo, tiene que regir su ____ y su _____ por lo que ya Dios ha dicho; la Biblia es entonces, el libro de _____ para la vida del creyente.

El cristiano que no conoce la doctrina en la cual debe fundamentarse, es un _____, y como consecuencia será _____ de defender su fe y su práctica de vida cristiana.

Hemos llamado a este 'Panorama Doctrinal': Conociendo las Rutas de las Enseñanzas Espirituales (_____); y con el mismo tendremos un _____ doctrinal y práctico de las _____ bíblicas.

Propósito

'Para que _____ bien la _____ de las doctrinas en las cuales debes ser instruido' (cp. Luc. 1:4).

¿Qué es la Doctrina Cristiana?

1. El término '_____' es sinónimo de '_____'.
2. La palabra 'doctrina' puede definirse como el conjunto de _____ que _____ a un grupo o institución.[1]
3. 'Doctrina cristiana' es el conjunto de _____ que rigen o gobiernan la vida de la _____ y/o sus feligreses, para que basen su _____ y su _____ en lo que Dios estableció en Su _____ (la Biblia).

Panorama Doctrinal

Notas

¿Por qué es Importante la Doctrina Bíblica?

1. Porque nos da _____. Cuando estudiamos la doctrina, sabemos:
    a. ¿Quiénes éramos? (el _____); por ejemplo: 'estábamos _____ en nuestros delitos y pecados' (Efe. 2:1).
    b. ¿Quiénes somos? (el _____); por ejemplo: 'somos _____ de Dios' (Rom. 8:16).
    c. ¿Quiénes seremos? (el _____); por ejemplo: 'estaremos (viviremos) _____ con el Señor' (1 Tes. 4:17).

2. Porque nos proporciona _____ espiritual. '...a un varón _____... para que ya no seamos _____ fluctuantes, llevados por doquiera de todo viento de doctrina...' (Efe. 4:13-14).

3. Porque es una herramienta para _____. '...redarguye, reprende, exhorta con toda paciencia y _____' (2 Tim. 4:2).

4. Porque es una parte esencial del _____. '...haced discípulos a todas las naciones... _____ que guarden todas las cosas...' (Mat. 28:19-20).

5. Porque nos _____ de las tradiciones humanas. 'En conformidad a mandamientos y doctrinas de _____' (Col. 2:22). 'Pues en vano me honran, enseñando como doctrinas mandamientos de _____' (Mar. 7:7).

6. Porque nos protege del _____.[2] '...Arraigados y sobreedificados en él, y confirmados en la fe, así como habéis sido _____... Mirad que nadie os _____ por medio de filosofías y huecas sutilezas, según las tradiciones de los hombres...' (Col. 2:7-8).

7. Porque nos capacita para detectar a

Panorama Doctrinal

Notas

los _____. *'...que os fijéis en los que causan divisiones y tropiezos en contra de la _____ que vosotros habéis aprendido, y que os apartéis de ellos. Porque tales personas no sirven a nuestro Señor Jesucristo... _____ los corazones de los ingenuos'* (Rom. 16:17-18).

El Conocimiento y la Doctrina

La falta de conocimiento de Dios produce la ruina: *'Mi pueblo fue destruido, porque le faltó conocimiento...'* (Ose. 4:6). Sin embargo, el conocimiento debe ser equilibrado con otros elementos para que cumpla su propósito:

1. El conocimiento debe equilibrarse con el _____. *'Y esto pido en oración, que vuestro amor abunde aun más y más en ciencia y en todo conocimiento, para que aprobéis lo mejor...* (Fil. 1:9-10). El conocimiento sin el discernimiento, se convierte en _____.³

2. El conocimiento debe equilibrarse con la _____. *'Antes bien, creced en la gracia y el conocimiento de nuestro Señor y Salvador Jesucristo'* (2 Ped. 3:18). El conocimiento sin la gracia, se convierte en _____.⁴

3. El conocimiento debe equilibrarse con el _____. *'Y si tuviese profecía, y entendiese todos los misterios y toda ciencia... y no tengo amor, nada soy'* (1 Cor. 13:2). *'El conocimiento envanece, pero el amor edifica'* (1 Cor. 8:1). El conocimiento sin el amor, se convierte en _____.⁵

Si tengo _____, pero no lo pongo en _____, entonces la _____ que sepa será simplemente información _____.

Panorama Doctrinal

Notas

Nota: El material que estudiaremos a continuación es una guía, lo que implica que la persona que lo enseñará, deberá estudiarlo cuidadosamente para explicarlo y aplicarlo correctamente.

LA BIBLIA

La Biblia es el conjunto de los escritos _____, revelados por Dios al hombre, con relación a lo pasado, presente y futuro; para que de una manera especial el ser humano _____ el plan de Dios para él.

La Biblia es la _____ de la fe cristiana, y es la _____ del conocimiento de Dios para guiarnos en la vida cristiana.

Su Revelación

A. Definición.

La revelación _____ es el acto divino por medio del cual el Espíritu Santo _____ al hombre lo que de otra manera éste no podría _____.[6] En este sentido, Dios se ha revelado de la siguiente manera:

B. ¿Cómo se dio la revelación escrita?

1. En la _____ de Moisés. *'...Y te daré tablas de piedra, y la ley, y mandamientos que he escrito para enseñarles'* (Exo. 24:12).
2. En las _____. *'Porque las cosas que se escribieron antes, para nuestra enseñanza se escribieron, a fin de que por la paciencia y la consolación de las Escrituras, tengamos esperanza'* (Rom. 15:4).
3. En el _____. *'Mostrando la obra de la ley escrita en sus corazones, dando testimonio su conciencia...'* (Rom. 2:15).

Panorama Doctrinal

Notas

Dios se interesó en que el hombre _____ su plan futuro, la Escritura afirma: *'La _____ de Jesucristo, que Dios le dio, para _____ a sus siervos las cosas que deben suceder pronto; y la _____ enviándola por medio de su ángel a su siervo Juan'* (Apoc. 1:1). A Juan se le ordenó que escribiera la revelación divina: *'Escribe las cosas que has visto, y las que son, y las que han de ser después de estas'* (Apoc. 1:19).

Panorama Doctrinal

Notas

C. ¿Qué es lo que Dios revela por medio de la Biblia?
1. Su _____ misma. '...Y respondió Dios a Moisés: Yo Soy el que Soy...' (Exo. 3:14). '...El que me ha visto a mí, ha visto al Padre' (Jn. 14:9).
2. Su _____ para el hombre. '...el cual quiere que todos los hombres sean salvos y vengan al conocimiento de la verdad' (1 Tim. 2:4; cp. 2 Ped. 3:9).
3. El camino de la _____. '...para que todo aquel que en él cree, no se pierda, mas tenga vida eterna' (Jn. 3:16; cp. Efe. 2:8-9).
4. El _____ de vida que debemos vivir. 'Para que andéis como es digno del Señor, agradándole en todo, llevando fruto en toda buena obra, y creciendo en el conocimiento de Dios' (Col. 1:10; cp. 1 Tes. 2:12).
5. Su ira contra el _____. 'Porque la ira de Dios se revela desde el cielo contra toda impiedad e injusticia de los hombres que detienen con injusticia la verdad' (Rom. 1:18).
6. Cómo encontrar _____ a nuestros problemas. 'Te haré entender, y te enseñaré el camino en que debes andar...' (Sal. 32:8). 'Y si alguno tiene falta de sabiduría, pídala a Dios...' (Sant. 1:5).
7. La _____ final de su reino. 'Luego el fin, cuando entregue el reino al Dios y Padre, cuando haya suprimido todo dominio, toda autoridad y potencia' (1 Cor. 15:24; cp. Apoc. 11:15).

La mente humana no puede conocer todo a cerca de Dios; sin embargo, lo que la Biblia revela es suficiente para _____ a Dios y su plan. No hay necesidad de querer _____ lo que Dios no quiso _____, la Biblia afirma: *'Las cosas _____ pertenecen a Jehová nuestro Dios; mas las _____ son para nosotros y para nuestros hijos para siempre...'* (Deut. 29:29).

Panorama Doctrinal

Notas

Su Inspiración

A. Definición.

La inspiración _____ es la obra divina en la que la _____ de Dios es declarada a los escritores humanos, quienes fueron _____ por el Espíritu Santo, dando a los _____ autoridad divina e infalible.[7]

B. La inspiración bíblica cuenta de dos aspectos:

1. En relación a _____: El es el autor, la Escritura es de _____ divino. Pablo afirmó: *'Toda la _____ es _____ por Dios...'* (2 Tim. 3:16).

2. En relación a los _____ humanos: Ellos fueron _____ por el Espíritu Santo. Pedro dijo: *'Porque nunca la profecía fue traída por voluntad _____, sino que los santos hombres de Dios hablaron siendo _____ por el Espíritu Santo'* (2 Ped. 1:21).

En resumen, los autores _____ de la Escritura fueron dirigidos, guiados o supervisados por el Espíritu Santo, mientras escribían las palabras inspiradas de _____. Los siguientes pasajes muestran la inspiración y su relación con el Espíritu Santo y los autores humanos: *'...para no oír la ley ni las palabras que Jehová de los ejércitos enviaba por su _____, por medio de los _____ primeros...'* (Zac. 7:12); *'Varones hermanos, era necesario que se cumpliese la Escritura en que el _____ Santo _____ antes...'* (Hech. 1:16); *'...bien habló el _____ Santo por medio del profeta _____ a nuestros padres...'* (Hech. 28:25); ver también Jer. 36:2; Ezeq. 1:3; Apoc. 14:13).

La doctrina de la inspiración declara a la Biblia como la _____ de Dios: '...de que cuando recibisteis la palabra de Dios que oísteis de nosotros, la recibisteis no como palabra de hombres, sino según es en verdad, la _____ de Dios...' (1 Tes. 2:13).

La inspiración divina de la Escritura asegura que ella es _____, _____ y _____.

Su Iluminación

A. Definición.

La iluminación _____ es la obra que hace el Espíritu Santo de dar _____ y _____ al hombre tocante a las Escrituras.[8] El Espíritu Santo _____ al creyente, capacitándolo para la _____ de la revelación divina.

Panorama Doctrinal

B. ¿Cuáles son las implicaciones de la iluminación?

1. _____ y _____ las palabras de Jesús. 'Más el Consolador, el Espíritu Santo... él os _____ todas las cosas, y os _____ todo lo que yo os he dicho' (Jn. 14:26).

2. _____ al creyente a la verdad. 'Pero cuando venga el Espíritu de verdad, él os _____ a toda la verdad...' (Jn. 16:13).

3. Proporcionar _____ y _____ de Dios. '...os dé espíritu de _____ y de revelación en el _____ de él' (Efe. 1:17).

4. _____ al creyente para hablar acerca de Dios. '...para que sepamos lo que Dios nos ha concedido, lo cual también _____, no con palabras enseñadas por sabiduría humana, sino con las que _____ el Espíritu, acomodando lo espiritual a lo espiritual' (1 Cor. 2:12-13).

Notas

Jesús sirvió también como uno que hacía entender su Palabra a sus seguidores. Hablando de Jesús, Lucas dice: *'Entonces les abrió el entendimiento, para que _____ las Escrituras'* (Luc. 24:45); y Marcos dice: *'...aunque a sus discípulos en particular les _____ todo'* (Mar. 4:34).

Sin la _____ del Espíritu, no sería posible que el hombre entendiese la _____ de la _____ Palabra de Dios.

Sumario: Complete las figuras faltantes.[9]

1. Revelación: (Dios Espíritu Santo) ⇒   ⇒

2. Inspiración: (Dios Espíritu Santo) ⇒   ⇒

3. Iluminación: (Dios Espíritu Santo) ⇒   ⇒

Su Vitalidad

El término 'vitalidad' hace referencia a la _____ o _____ vivificante, que la Biblia posee. La Palabra de Dios escrita es el soplo de Dios; por lo tanto, tiene vida en sí misma. La vitalidad de la Biblia se entiende cuando comparamos lo que ella es (_____) con lo que ella hace (_____).

A. Atributos (lo que la Biblia es)

Un 'atributo' es una característica que define a algo o a alguien. La Biblia misma afirma que ella es:

1. Perfecta, *'la ley de Jehová es _____'* (Sal. 19:7a).

Panorama Doctrinal

2. Fiel, *'el testimonio de Jehová es _____ '* (Sal. 19:7b).
3. Recta, *'los mandamientos de Jehová son _____ '* (Sal. 19:8a).
4. Pura, *'el precepto de Jehová es _____ '* (Sal. 19:8b).
5. Limpia, *'el temor de Jehová es _____ '* (Sal. 19:9a).
6. Verdad, *'los juicios de Jehová son _____ '* (Sal. 19:9b).
7. Lumbrera, *'lámpara es... tu palabra, y _____ a mi camino'* (Sal. 119:105).
8. Maravillosa, *'_____ son tus testimonios'* (Sal. 119:129).
9. Eterna, *'_____ es todo juicio de tu justicia'* (Sal. 119:160).
10. Justa, *'todos tus mandamientos son _____ '* (Sal. 119:172).
11. Útil, *'_____ para...'* (2 Tim. 3:16).
12. Viva, *'Porque la palabra de Dios es _____ '* (Heb. 4:12a).
13. Eficaz, *'...y _____ '* (Heb. 4:12b).
14. Cortante, *'...y más _____ que toda espada de dos filos'* (Heb. 4:12c).
15. Penetrante, *'...y _____ hasta partir el alma...'* (Heb. 4:12d).
16. Escudriñadora, *'...y _____ los pensamientos...'* (Heb. 4:12e).
17. Fuego, *'...he aquí pongo mis palabras en tu boca por _____...'* (Jer. 5:14).
18. Martillo, *'¿...y como _____ que quebranta la peña?'* (Jer. 23:29).
19. Espada, *'...y la _____ del Espíritu que es la palabra de Dios'* (Efe. 6:17).

Notas

B. Efectos (lo que la Biblia hace)

Por lo que la Palabra de Dios es, hace grandes cosas. A continuación notemos lo que ella hace:

1. Nos cambia, '_____ el alma' (Sal. 19:7a).
2. Nos hace sabios, 'hace _____ al sencillo' (Sal. 19:7b).
3. Nos da alegría, '_____ el corazón' (Sal. 19:8a).
4. Nos ilumina, '_____ los ojos' (Sal. 19:8b).
5. Nos libra de pecar, 'en mi corazón he guardado tus dichos, para no _____ contra ti' (Sal. 119:11).
6. Nos da vida, 'escudriñad las Escrituras; porque a vosotros os parece que en ellas tenéis la _____ eterna' (Jn. 5:39a).
7. Dan testimonio de Jesús, '...y ellas son las que dan _____ de mí' (Jn. 5:39b).
8. Nos santifica, '_____ en tu verdad; tu palabra es verdad' (Jn. 17:17).
9. Nos enseña, '...para _____' (2 Tim. 3:16b).
10. Nos redarguye, '...para _____' (2 Tim. 3:16c).
11. Nos corrige, 'para _____' (2 Tim. 3:16d).
12. Nos instruye, 'para _____' (2 Tim. 3:16e).
13. Nos madura, 'que el hombre de Dios sea _____' (2 Tim. 3:17a).
14. Nos capacita, '_____ para toda buena obra' (2 Tim. 3:17b).
15. Produce fe, 'la ____ viene por el oír... la palabra de Dios' (Rom. 10:17).
16. Nos da herencia, 'daros _____ con todos los santificados' (Hech. 20:32).
17. Nos da crecimiento, '...para que por ella _____ para salvación' (1 Ped. 2:2b).

La 'vitalidad' de la Escritura demuestra que por ser lo que ____, tiene autoridad para hacer lo que _____.

Panorama Doctrinal

Notas

Panorama Doctrinal

¿Quién debe conocer la Palabra de Dios?

1. La _____, '...tú, tu hijo, y el hijo de tu hijo... y las repetirás a tus hijos, y hablarás de ellas estando en tu casa, y andando por el camino, y al acostarte, y cuando te levantes. Y las atarás como una señal en tu mano, y estarán como frontales entre tus ojos; y las escribirás en los postes de tu casa, y en tus puertas' (Deut. 6:2-9).
2. Las _____ gubernamentales (el rey), 'y lo tendrá consigo, y leerá en él todos los días de su vida, para que aprenda a temer a Jehová su Dios, para guardar todas las palabras de esta ley y estos estatutos, para ponerlos por obra' (Deut. 17:19).
3. Los _____, 'Porque Esdras había preparado su corazón para inquirir la ley de Jehová, y para cumplirla, y para enseñar en Israel sus estatutos y decretos' (Esd. 7:10).

_____ persona debe conocer de la Palabra de Dios, Jesús dijo: 'Escudriñad las Escrituras; porque a vosotros os parece que en ellas tenéis la vida eterna; y ellas son las que dan testimonio de mí' (Jn. 5:39). Los _____ deberíamos seguir escudriñando en la casa, lo que aprendemos en la iglesia, Hechos dice: 'Y éstos eran más nobles que los que estaban en Tesalónica, pues recibieron la palabra con toda solicitud, escudriñando cada día las Escrituras para ver si estas cosas eran así' (Hech. 17:11).

Notas

LA TRINIDAD

Su Definición

El término '_____' no aparece en la Biblia, sin embargo su implicación es innegable. 'Trinidad' indica _____ (tres personas), y _____ (una unidad que es trina).

La trinidad es la doctrina que proclama el monoteísmo (creer en la existencia de un solo Dios), explicado con el misterio de la existencia de _____ personas divinas unidas e iguales en esencia, para formar _____ solo Dios verdadero y eterno.[10] Misterio, porque la mente humana no puede comprender en su totalidad esta enseñanza;[11] sin embargo, cuando asumimos las enseñanzas bíblicas, la _____ en Dios y Su Palabra dará sentido a la _____ humana.

Panorama Doctrinal

Notas

Su Explicación

Dios existe en _____ personas: Padre, Hijo y Espíritu Santo. Aunque tienen _____ diferentes, están _____ en una manera indisoluble, esencial y sustancial. El Padre no es el Hijo, y viceversa; el Padre no es el Espíritu Santo, y viceversa; el Hijo no es el Espíritu Santo, y viceversa; sin embargo, ellos los _____ son _____ solo Dios.

Una ilustración.
Complete la siguiente figura:[12]

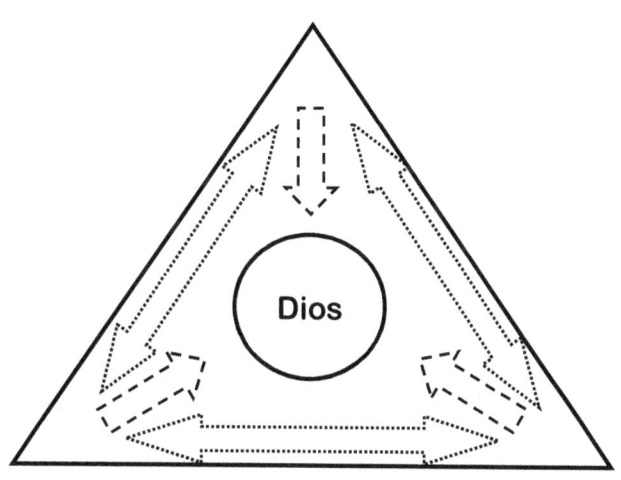

Panorama Doctrinal

Notas

1. En cuanto a sus _____; no fue el Padre que murió en la cruz, fue el _____, '...a quien vosotros matasteis colgándole en un madero' (Hech. 5:30); no es el Hijo el que convénce al pecador de pecado, sino el _____ Santo, 'y cuando él venga, convencerá al mundo de pecado...' (Jn. 16:8).
2. En cuanto a su _____; Jesucristo dijo: 'Yo y el Padre _____ somos' (Jn. 10:30); además: '...El que me ha visto a _____, ha visto al _____...' (Jn. 14:9). Aunque Dios (el Padre) es invisible, 'él es la imagen del Dios _____' (Col. 1:15), el Hijo es la manifestación exacta del Padre, 'el cual, siendo el _____ de su gloria, y la _____ misma de su sustancia...' (Heb. 1:3). Dios es Espíritu, 'Dios es Espíritu' (Jn. 4:24); el Espíritu Santo del Padre, 'y reposará sobre él el Espíritu de Jehová...' (Isa. 11:2), es el mismo del Hijo, 'y si alguno no tiene el Espíritu de Cristo, no es de él' (Rom. 8:9b). Nunca vemos a la trinidad en desacuerdo uno del otro. Ellos son un equipo indivisible e indisoluble, son _____ en unidad. La Biblia enseña es que hay 'un solo Dios': '...Jehová nuestro Dios, Jehová _____ es' (Deut. 6:4). Juan expresó: 'Porque _____ son los que dan testimonio en el cielo: el Padre, el Verbo y el Espíritu Santo; y estos _____ son _____' (1 Jn. 5:7).

La Trinidad en el Antiguo Testamento

1. 'Entonces dijo Dios: _____ al hombre a nuestra imagen...' (Gén. 1:26).
2. 'Y dijo Jehová Dios: He aquí el hombre es como uno de

_____ ...' (Gén. 3:22).
3. 'Ahora, pues, _____, y _____ allí su lengua...' (Gén. 11:7).
4. 'Desde el principio no hablé en secreto; desde que eso se hizo, allí estaba yo; y ahora me envió _____ el Señor, y su _____' (Isa. 48:16).
5. 'De las misericordias de _____ haré memoria... Porque dijo: Ciertamente mi pueblo son, hijos que no mienten; y fue su _____... Mas ellos fueron rebeldes, e hicieron enojar su santo _____...' (Isa. 63:7-10).

El Antiguo Testamento menciona al Padre como Jehová, pero a veces se refiere al Hijo como Jehová, y como el ángel de Jehová (Éxo. 31:1-3; Zac. 3:1.2); además, menciona con mucha frecuencia al Espíritu de Dios o Espíritu de Jehová (Gén. 1:2; Núm. 24:2; Jue. 6:34; Isa. 11:2.

La Trinidad en el Nuevo Testamento
1. En el anuncio de Juan el Bautista. '...Y dijo: He aquí el _____ de Dios, que quita el pecado del mundo... Vi al _____ que descendía del cielo como paloma... ___ que me envió a bautizar con agua, aquél me dijo: Sobre quien veas descender el Espíritu...' (Jn. 1:29-33).
2. En el bautismo de Jesús. 'Y _____, después que fue bautizado... y vio al _____ de Dios que descendía como paloma... Y hubo una voz de los cielos que decía: Este es ___ Hijo amado...' (Mat. 3:16-17).
3. La promesa del mismo Jesús. 'Y ___ rogaré al _____, y os dará otro _____, para que esté con vosotros para siempre' (Jn. 14:16). 'Pero cuando venga el Consolador, a quien yo os enviaré del _____, el _____ de verdad, el cual procede del Padre, él dará testimonio acerca de ___' (Jn. 15:26).
4. La obra del Espíritu Santo. 'Aun tengo

Panorama Doctrinal

Notas

Panorama Doctrinal

Notas

muchas cosas que deciros... Pero cuando venga el _____ de verdad, él os guiará a toda la verdad... El ____ glorificará... Todo lo que tiene el _____ es mío, por eso dije que tomará de lo mío, y os lo hará saber' (Jn. 16:12-15).

5. En la Gran Comisión. '...bautizándolos en el nombre del _____; y del _____; y del _____ Santo' (Mat. 28:19).

6. En los ministerios de la iglesia. 'Ahora bien, hay diversidad de dones, pero el _____ es el mismo. Y hay diversidad de ministerios, pero el _____ es el mismo. Y hay diversidad de operaciones, pero _____, que hace todas las cosas en todos, es el mismo' (1 Cor. 12:4-6).

7. En la promesa de la bendición espiritual. 'Bendito sea el Dios y _____ de nuestro Señor Jesucristo. Para alabanza de la gloria de su gracia, con la cual nos hizo aceptos en el _____. ...y habiendo creído en él, fuisteis sellados con el _____ Santo de la promesa' (Efe. 1:3, 6, 13).

8. En la bendición apostólica. 'La gracia del Señor _____, el amor de _____, y la comunión del _____ Santo sean con todos vosotros. Amén.' (2 Cor. 13:14).

9. En la oración del creyente. 'Y todo lo que pidiereis al _____ en _____ nombre, lo haré, para que el Padre sea glorificado en el Hijo' (Jn. 14:13); 'Orando en todo tiempo con toda oración y súplica en el _____...' (Efe. 6:18).

10. Las tres personas (Padre, Hijo y Espíritu Santo) son Dios:

a. El _____ es Dios. *'Para nosotros, sin embargo, sólo hay un _____, el Padre, del cual proceden todas las cosas...'* (1 Cor. 8:6). *'...Porque a éste señaló _____ el Padre.'* (Jn. 6:27; ver también Efe. 4:6; Rom. 15:6; 1 Cor. 15:24).

b. El _____ es Dios. *'...según la carne, vino Cristo, el cual es _____ sobre todas las cosas...'* (Rom. 9:5). *'Aguardando la esperanza... de nuestro gran _____ y Salvador Jesucristo'* (Tit. 2:13; ver también Mar. 14:61-62; Jn. 8:58; 2 Ped. 1:1).

c. El _____ Santo es Dios. *'...y vio al Espíritu de _____ que descendía como paloma, y venía sobre él'* (Mat. 3:16). *'...por qué llenó Satanás tu corazón para que mintieses al Espíritu Santo... No has mentido a los hombres sino a _____'* (Hech. 5:3-4; ver también 1 Cor. 3:16; 2 Cor. 3:17-18).

La 'Trinidad' es un _____ que encuentra la _____ solo en la ____.

DIOS – PADRE

Si queremos conocer de Dios, como _____ Suyo, tendremos que ejercer la ____ que dará el sentido al _____; entonces entenderemos Su revelación y Su plan para el ser humano.

Su Revelación

Dios se ha revelado en tres maneras:[13]

1. En la _____ (revelación _____): La creación es la narración, no solo de la existencia de Dios, sino de su expresión como perfecto Creador. *'Los _____ cuentan la gloria de Dios, y el _____ anuncia la obra de sus manos'* (Sal. 19:1; cp. 97:6).

2. En la _____ (revelación _____): Las Escrituras son el documento escrito que Dios declaró para que el ser humano conociera de su Creador. *'...de que cuando recibisteis la palabra de Dios que oísteis de nosotros, la recibisteis no como palabra de hombres, sino según es en verdad, la _____ de Dios...'* (1 Tes. 2:13; cp. 2 Tim. 3:16).

3. En _____ (revelación _____): Jesucristo es la expresión misma del Padre. *'El cual, siendo el _____ de su gloria, y la _____ misma de su sustancia...'* (Heb. 1:3; cp. Jn. 14:9).

Panorama Doctrinal

Notas

Su Personalidad

'Personalidad' es el conjunto de facultades y elementos que constituyen a una persona.[14] La _____, los _____ y los _____ de Dios son una declaración de su personalidad y de su divinidad.

> **Panorama Doctrinal**
>
> **Notas**

A. Esencia.

La 'esencia' es la base de toda la manifestación externa de Dios, como ser verdadero.

1. Él es una _____. *'El que hizo el oído, ¿no oirá? El que formó el ojo, ¿no verá?* (Sal. 94:9).
2. Él está _____. *'...y cómo os convertisteis de los ídolos a Dios, para servir al Dios vivo y verdadero'* (1 Tes. 1:9).
3. Él es _____. *'Dios es Espíritu...'* (Jn. 4:24).
4. Él es _____. *'Él es la imagen del Dios invisible...'* Col. 1:15).
5. Él es _____. *'Y respondió Dios a Moisés: YO SOY EL QUE SOY...'* (Exo. 3:14).
6. Él es _____. *'...he aquí que los cielos, los cielos de los cielos, no te pueden contener...'* (1 Rey. 8:27).
7. Él es _____. *'...desde el siglo y hasta el siglo, tú eres Dios'* (Sal. 90:2).

B. Nombres.

Los nombres de Dios demuestran su identidad.

1. Nombres primarios:[15]
   a. _____ (Dios). 'Elohim' es el plural de 'El' o 'Eloa'. *'En el principio creó Dios los cielos y la tierra'* (Gén. 1:1; cp. 1:26).
   b. _____ (el que existe por sí mismo o el eterno). *'Habló todavía Dios a Moisés, y le dijo: Yo soy Jehová'* (Exo. 6:2; cp. 3:14).
   c. _____ (Señor). *'Y respondió Abram: Señor Jehová...'* (Gén. 15:2).

2. Nombres compuestos:[16] Se dan con 'Él' (Dios) y con 'YHWH' (Jehová).
   a. El Elyon (el _____). *'Porque Jehová el Altísimo es temible'* (Sal. 47:2).

b. El Shadai (Dios _____). 'Yo soy el Dios Todopoderoso' (Gén. 17:1).
   c. El Olam (Dios _____). '...Invocó allí el nombre de Jehová Dios eterno' (Gén. 21:33).
   d. El Roi (Dios que _____). 'Entonces llamó el nombre de Jehová que con ella hablaba: Tú eres Dios que ve' (Gén. 16:13).
   e. Jehová Jireh (Jehová _____). 'Y llamó Abraham el nombre de aquel lugar, Jehová proveerá' (Gén. 22:14).
   f. Jehová Rafah (Jehová tu _____). '...porque yo soy Jehová tu sanador' (Exo. 15:26).
   g. Jehová Nisi (Jehová es mi _____). 'Moisés edificó un altar, y llamó su nombre Jehová nisi' (Exo. 17:15).
   h. Jehová Shalom (Jehová es _____). '...y lo llamó Jehová salom' (Juec. 6:24).
   i. Jehová Ráah (Jehová es mi _____). 'Jehová es mi pastor, nada me faltará' (Sal. 23:1), está expresando el cuidado total que Dios tenía sobre él.
   j. Jehová Tsidkenu (Jehová _____ nuestra). '...y este será su nombre con el cual le llamarán: Jehová justicia nuestra' (Jer. 23:6).
   k. Jehová Sabaot (Jehová de los _____). '...más yo vengo a ti en el nombre de Jehová de los ejércitos...' (1 Sam. 17:45).
   l. Jehová Shamah (Jehová está _____). 'Y el nombre de la ciudad desde aquel día será Jehová-sama' (Ezeq. 48:35).

C. Atributos.
   Los atributos declaran su carácter.
   1. Atributos naturales o _____ (pertenecen sólo a Dios).[17]
      a. Omnisciencia (él lo _____ todo). '...mayor que nuestro corazón es Dios, y él sabe todas las cosas' (1 Jn. 3:20; cp. Sal. 147:4-5; Heb. 4:13).
      b. Omnipotencia (él lo _____ todo). 'Yo conozco que todo lo puedes, y que no hay pensamiento que se

esconda de ti' (Job 42:1; cp. Jer. 32:17; Mat. 19:26).
  c. Omnipresencia (él está _____ en todo lugar). *'¿A dónde me iré de tu Espíritu? ¿Y a dónde huiré de tu presencia? Si subiere a los cielos, allí está tú; y si en el Seol hiciere mi estrado, he aquí, allí tú estás...'* (Sal. 139:7-12; cp. Jer. 23:23-24; Prov. 15:3).
  d. Inmutabilidad (él no _____). *'Porque yo Jehová no cambio...'* (Mal. 3:6; cp. Sal. 102:26-27; Sant. 1:17).
  e. Majestad (no hay nadie más _____ que él). *'Grande es Jehová, y digno de suprema alabanza; y su grandeza es inescrutable'* (Sal. 145:3; 1 Crón. 29:11).

2. Atributos morales o _____ (pertenecen a Dios, pero cada creyente debe practicarlo).[18]
   a. _____. *'Sed santos, porque yo soy santo'* (1 Ped. 1:16; cp. Sal. 99:9).
   b. _____. *'Justo es Jehová en todos sus caminos...'* (Sal. 145:17); *'Porque os digo que si vuestra justicia no fuere mayor que la de los escribas y fariseos, no entraréis en el reino de los cielos'* (Mat. 5:20).
   c. _____. *'Porque Dios misericordioso es Jehová tu Dios...'* (Deut. 4:31); *'sed, pues, misericordiosos, como también vuestro Padre es misericordioso'* (Luc. 6:36).
   d. _____. *'Porque Jehová es bueno...'* (Sal. 100:5); *'antes sed benignos unos con otros...'* (Efe. 4:32a).
   e. _____. *'Con amor eterno te he amado; por tanto, te prolongué mi misericordia'* (Jer. 31:3); *'amaos los unos a los otros con amor fraternal'* (Rom. 12:10a).
   f. _____. *'Y esta es la vida eterna: que te conozcan a ti, el*

Panorama Doctrinal

Notas

único Dios verdadero' (Jn. 17:3); 'por lo cual, desechando la mentira, hablad verdad cada uno con su prójimo' (Efe. 4:25).

g. _____. 'Conoce pues, que Jehová tu Dios es Dios, Dios fiel...' (Deut. 7:9); 'se requiere de los administradores, que cada uno sea hallado fiel' (1 Cor. 4:2).

h. _____. '...porque perdonaré la maldad de ellos' (Jer. 31:34); 'antes sed benignos unos con otros, misericordiosos, perdonándoos unos a otros...' (Efe. 4:32).

i. _____. 'Los que en otro tiempo desobedecieron, cuando una vez esperaba la paciencia de Dios en los días de Noé...' (1 Ped. 3:20); '...soportándoos con paciencia los unos a los otros en amor' (Efe. 4:2).

Panorama Doctrinal

Notas

La _____, los _____ y los _____ del Padre son declaraciones que comprueban que él es una _____.

La personalidad del Padre es una _____ para que como creyentes podamos tener una relación _____ con él.

Recuerda que, conoceremos de Dios lo que él nos ha _____, no por el _____ humano, sino por ejercer nuestra ____ en él.

DIOS - HIJO

Al conocer a _____ como Salvador y como el _____ Dios verdadero, somos capacitados para entender por la _____ lo que al _____ humano le es imposible saber.

Su Preexistencia

La preexistencia de Cristo hace referencia a su existencia _____ de su _____. Cristo existía _____ de nacer en Belén, él existió en la _____ pasada.

<--- Jesucristo es eterno --->

A. En el Antiguo Testamento.

La preexistencia de Cristo en el Antiguo Testamento se explica al descubrir que el ángel de Jehová es Jesucristo antes de su encarnación.[19] El relato más claro es el siguiente: *'...el cual se llamaba Manoa; y su mujer era estéril, y nunca había tenido hijos. A esta mujer apareció el _____ de Jehová...; pero concebirás y darás a luz un hijo'* (Jue. 13:2-3). *'Y el _____ de Jehová respondió: ¿Por qué preguntas por mi nombre, que es _____?'* (18). La profecía de Isaías declara: *'Porque un niño nos es nacido... y se llamará su nombre _____...'* (Isa. 9:6). Así que, el niño que nacería (el Cristo), que uno de los nombres era 'Admirable', declaró a Manoa que su nombre era 'admirable'. Vea también Gen. 21:17-18; 22:11; Exo. 3:1-2; Núm. 22:22-31.

El ángel de Jehová aceptó _____ y ningún ángel recibía adoración[20] (cp. Apoc. 19:10; 22:8-9), sólo a Dios se adora:

1. Abraham, *'...Y cuando los vio, salió co-*

Panorama Doctrinal

Notas

Panorama Doctrinal

Notas

rriendo de la puerta de su tienda a recibirlos, y se _____ en tierra, y dijo: Señor, si ahora he hallado gracia en tus ojos, te ruego que no pases de tu siervo' (Gén. 18:2-3).

2. Balaam, *'Entonces Jehová abrió los ojos de Balaam, y vio al ángel de Jehová que estaba en el camino, y tenía su es-pada desnuda en su mano. Y Balaam hizo reverencia, y se _____ sobre su rostro'* (Núm. 22:31).

3. Josué, *'El respondió: No; más como Príncipe del ejército de Jehová he venido ahora. Entonces Josué, postrandose sobre su rostro en tierra, le _____...'* (Jos. 5:14).

El ángel de Jehová es el que _____ de su pueblo: *'El ángel de Jehová acampa alrededor de los que le temen, y los defiende'* (Sal. 34:7).

B. En el Nuevo Testamento.

Varios testimonios neotestamentario afirman que Jesucristo ____ empezó a existir a partir de su nacimiento:[21]

1. Juan el Bautista, *'Juan dio testimonio de él, y clamó diciendo... El que viene después de mí, es _____ de mí; porque era _____ que yo'* (Jn. 1:15).

2. Juan el apóstol, *'En el _____ era el Verbo, y el Verbo era con Dios, y el Verbo era Dios'* (Jn. 1:1).

3. Jesucristo mismo, *'Jesús le dijo: De cierto, de cierto os digo: _____ que Abraham fuese, yo soy'* (Jn. 8:58). *'Ahora pues, Padre, glorifícame tú al lado tuyo, con aquella gloria que tuve contigo _____ que el mundo fuese'* (Jn. 17:5).

4. Pablo, *'Y él es _____ de todas las cosas, y todas las cosas en él subsisten'* (Col. 1:17).

Si Jesucristo no fuera eterno en la eternidad pasada, entonces él no sería ni _____ ni _____, pero él es Dios (Rom. 9:5), y es Creador (Jn. 1:3).

Su Personalidad

'Personalidad' es el conjunto de facultades y elementos que constituyen a una persona. Los _____, los _____ y los _____ de Jesucristo son una declaración de su personalidad y de su divinidad.

A. Nombres:
1. _____, '...y llamarás su nombre Jesús...' (Mat. 1:21).
2. _____, 'Libro de la genealogía de Jesucristo...' (Mat. 1:1).
3. _____ '...y llamarás su nombre Emanuel...' (Mat. 1:23).
4. _____, 'El que tiene al Hijo, tiene la vida...' (1 Jn. 5:12).

B. Títulos:
1. _____ 'Vosotros me llamáis Maestro, y Señor; y decís bien porque lo soy' (Jn. 13:13).
2. Señor de _____, '...nunca habrían crucificado al Señor de gloria' (1 Cor. 2:8).
3. El _____, 'Mas vosotros negasteis al Santo y al Justo...' (Hech. 3:14).
4. El _____, '...y mataron a los que anunciaron de antemano la venida del Justo' (Hech. 7:52).
5. El _____, '...el Verdadero...' (Apoc. 3:7).
6. El _____, '...tú eres el Cristo, el Hijo del Dios viviente' (Mat. 16:16).
7. Hijo de _____, '...tú eres el Cristo, el Hijo del Dios viviente' (Mat. 16:16). En la Biblia hay dos términos: 'Hijo', que se refiere a posición, y 'niño', que se refiere a origen. A Cristo nunca se le dice 'niño de Dios' sino 'Hijo de Dios'.[22]
8. Hijo del _____, 'porque el Hijo del Hombre no vino para ser servido...' (Mar. 10:45).
9. Hijo de _____, '...¡Hosanna al

Hijo de David!' (Mat. 21:9).

10. El _____ y el _____, *'...diciéndome: No temas; yo soy el primero y el último'* (Apoc. 1:17).
11. El _____ y la _____, *'Yo soy el Alfa y la Omega, principio y fin, dice el Señor...'* (Apoc. 1:8).
12. _____ de reyes y _____ de señores, *'...tiene escrito este nombre: REY DE REYES Y SEÑOR DE SEÑORES'* (Apoc. 19:16).

C. Atributos:
  1. Atributos de grandeza.
    a. _____, *'...y se llamará su nombre Admirable, Consejero, Dios fuerte, Padre eterno, Príncipe de paz'* (Isa. 9:6).
    b. _____, *'Jesucristo es el mismo ayer, y hoy, y por los siglos'* (Heb. 13:8).
    c. _____, *'El cual no hizo pecado, ni se halló engaño en su boca'* (1 Ped. 2:22).
    d. _____, *'en quien están escondidos todos los tesoros de la sabiduría y del conocimiento'* (Col. 2:3).
    e. _____ *'Porque donde están dos o tres congregados en mi nombre, allí estoy yo en medio de ellos'* (Mat. 18:20).
    f. _____ *'Ahora entendemos que sabes todas las cosas, y no necesitas que nadie te pregunte...'* (Jn. 16:30).
    g. _____ *'...el que es y que era y que ha de venir, el Todopoderoso'* (Apoc. 1:8).

  2. Atributos morales.
    a. _____, *'Sino con la sangre preciosa de Cristo, como de un cordero sin mancha y sin contamina-*

Panorama Doctrinal

Notas

ción' (1 Ped. 1:19).
   b. _____, *'...Esto dice el Santo, el verdadero...'* (Apoc. 3:7).
   c. _____, *'...Sabiendo Jesús... como había amado a los suyos que estaban en el mundo, los amó hasta el fin'* (Jn. 13:1).
   d. _____, *'...Abogado tenemos para con el Padre, a Jesucristo el justo'* (1 Jn. 2:1).
   e. _____, *'...Él permanece fiel; él no puede negarse a sí mismo'* (2 Tim. 2:13).
   f. _____, *'...Y habéis visto el fin del Señor, que el Señor es muy misericordioso y compasivo'* (Sant. 5:11).

Su Divinidad

Los nombres, títulos y atributos de Jesús declaran su divinidad. Pero sus obras[23] son otro testimonio de que él es Dios.

1. El es _____, *'Todas las cosas por él fueron hechas, y sin él nada de lo que ha sido hecho, fue hecho'* (Jn. 1:3).
2. El _____ y preserva todo, *'...y quien sustenta todas las cosas con la palabra de su poder...'* (Heb. 1:3).
3. El _____ los pecados, *'para que sepáis que el Hijo del Hombre tiene potestad en la tierra para perdonar pecados...'* (Mar. 2:10).
4. El da _____ eterna, *'Y yo les doy vida eterna...'* (Jn. 10:28).
5. El _____ su iglesia y mantiene su existencia, *'...sobre esta roca edificaré mi iglesia; y las puertas del Hades no prevalecerán contra ella'* (Mat. 16:18).
6. El _____ las oraciones, *'si algo pidiereis en mi nombre, yo lo haré'* (Jn. 14:14).
7. El va a _____ a los muertos, *'le dijo Jesús: Yo soy la resu-*

rrección y la vida...' (Jn. 11:25).
8. El va a _____ al mundo, *'Porque el Padre a nadie juzga, sino que todo el juicio dio al Hijo'* (Jn. 5:22).
   Además refiriéndose a Jesucristo la Escritura declara:
   a. *'En el principio era el Verbo, y el Verbo era con Dios, y el Verbo era _____'* (Jn. 1:1).
   b. *'...Vino Cristo, el cual es _____ sobre todas las cosas...'* (Rom. 9:5).
   c. *'...y la manifestación gloriosa de nuestro gran _____ y salvador Jesucristo'* (Tit. 2:13).
   d. *'Porque en él habita corporalmente toda la plenitud de la _____'* (Col. 2:9).
   e. *'El cual, siendo el _____ de su gloria, y la _____ misma de su sustancia...'* (Heb. 1:3).

Su Humanidad

A. Encarnación

La encarnación de Cristo es el acto en el que _____ se hizo _____ en la persona de Jesucristo en el momento de la sobrenatural concepción. Este hecho no significa '_____' sino la _____ en el mundo en la vida humana de uno que había existido siempre.[24] Juan lo expone así (Jn. 1:1 y 14):

'...Era el Verbo.... 'Fue hecho carne'.
'...Era con Dios.... 'Habitó entre nosotros'.
'...Era Dios.......... 'Vimos su gloria'.

Razones de la encarnación de Cristo:[25]
1. Para dar a _____ al Padre a través del Hijo. *'A Dios nadie le vio jamás; el unigénito Hijo, que está en el seno del Padre, él le ha dado a conocer'* (Jn. 1:18).
2. Para Dios _____ a través del Hijo. *'...nos ha hablado por el Hijo, a quien constituyó heredero en todo...'* (Heb. 1:2).
3. Para _____ al diablo. *'Así que, por cuanto los hijos participaron de*

> **Panorama Doctrinal**
>
> **Notas**

carne y sangre, él también participó de lo mismo, para destruir por medio de la muerte al que tenía el imperio de la muerte, esto es, al diablo' (Heb. 2:14).

4. Para _____ en la cruz. 'Y estando en la condición de hombre, se humilló a sí mismo, haciéndose obediente hasta la muerte, y muerte de cruz' (Fil. 2:8).

5. Para _____ al pecado en la carne. '...Dios, enviando a su Hijo en semejanza de carne de pecado y a causa del pecado, condenó al pecado en la carne' (Rom. 8:3).

6. Para _____ al mundo. 'Porque no envió Dios a su Hijo al mundo para condenar al mundo, sino para que el mundo sea salvo por él' (Jn. 3:17).

7. Para _____ a los que estaban bajo la ley. '...Dios envió a su Hijo, nacido de mujer y nacido bajo la ley, para que redimiese a los que estaban bajo la ley...' (Gál. 4:4-5).

8. Para _____ a la muerte. 'Al cual Dios levantó, sueltos los dolores de la muerte, por cuanto era imposible que fuese retenido por ella' (Hech. 2:24).

9. Para ser sumo _____ de todo creyente. '...teniendo un gran sumo sacerdote que traspasó los cielos, Jesús el Hijo de Dios...' (Heb. 4:14).

B. Concepción y Nacimiento Virginal

La concepción virginal de Cristo es el acto _____ en el que Cristo fue _____ en el vientre de la _____ María _____ la participación humana de un hombre, sino por obra del _____ Santo.[26]

Esta doctrina...

1. Era una _____. '...He aquí que la virgen concebirá...' (Isa. 7:14).

2. La profecía se _____. 'Estando desposada María su madre con José, antes que se juntasen, se halló que había concebido del Espíritu Santo' (Mat. 1:18).

3. Enseña que María era _____. 'Entonces María dijo al ángel: ¿Cómo será esto? Pues no conozco varón' (Luc. 1:34).

Panorama Doctrinal

Notas

4. Enseña que José _____ tuvo relación sexual con María hasta _____ que Jesús nació. *'Pero no la conoció hasta que dio a luz a su hijo primogénito'* (Mat. 1:25).
5. Declara que Jesucristo fue concebido por el _____ Santo. *'...antes que se juntasen, se halló que había concebido del Espíritu Santo'* (Mat. 1:18; cp. 1:20; Luc. 1:35).

Si Cristo no hubiese sido concebido _____, y si no hubiese sido concebido por el _____ Santo, entonces, él no hubiese sido _____, y por lo tanto, no hubiera podido obrar la _____. Sin embargo, el milagro de la concepción y el nacimiento virginal de Jesucristo explica la doble _____ (divina y humana) de Cristo, afirmando que él es _____ % Dios y _____ % hombre.[27]

C. Divinidad y Humanidad

Jesucristo es _____ y _____, en él (y sólo en él) están completamente las dos naturalezas.[28]

Verdades importantes:
1. Jesús es 100 % _____: El se cansó (Jn. 4:6), tuvo hambre (Mar. 11:12), tuvo sed (Jn. 19:28), lloró (Jn. 11:35), dormía (Mat. 8:24), fue tentado (Heb. 4:15), murió (Jn. 19:30).
2. Jesús es 100 % _____: *'Porque en él habita corporalmente toda la plenitud de la Deidad'* (Col. 2:9).
3. Por ser humano, no significa que Jesucristo _____. *'El cual no hizo pecado, ni se halló engaño en su boca'* (1 Ped. 2:22; cp. 1:19; Heb. 4:15).
4. Las dos naturalezas están perfectamente unidas, pero en ocasiones Jesús tuvo que _____ de sus atributos divinos para cumplir su obra redentora. *'El cual, siendo en forma de Dios, no estimó el ser igual a Dios como cosa a que aferrarse, sino que se despojó a sí mismo, tomando forma de siervo, hecho semejante a los hombres; y estando en la condición de hombre, se humilló a sí mismo,*

haciéndose obediente hasta la muerte, y muerte de cruz' (Fil. 2:6-8).

5. Como humano, Jesús experimentó la _____ física para redimir al ser humano.29 *'Porque también Cristo padeció una sola vez por los pecados, el justo por los injustos, para llevarnos a Dios, siendo a la verdad muerto en la carne, pero vivificado en espíritu'* (1 Ped. 3:18).

6. Como humano, Jesús experimentó la _____ espiritual por cargar el pecado del mundo.30 *'...Jesús clamó... Esto es: Dios mío, Dios mío, ¿por qué me has desamparado?'* (Mat. 27:46).

Panorama Doctrinal

Notas

Si Jesucristo no _____ las dos naturalezas, no cumpliría para obrar la _____ del hombre. El tenía que ser _____ para entender la dimensión de la _____ exigida por el _____; y tenía que ser _____ para entender la dimensión del _____ en el _____. Con las dos naturalezas, él podía satisfacer la _____ de Dios y la _____ del hombre.31 De ahí que Jesucristo es el _____ que puede reconciliar al hombre con Dios.32

Fil. 2:5-11; 1 Tim. 3:16
Jesucristo...33

Su Ministerio

Como Dios encarnado, Jesucristo cumpliría _____ funciones ministeriales.

A. Profeta

La función del '_____', era la de comunicar al pueblo el mensaje de Dios.[35] Y, Cristo (por la predicación y la enseñanza) comunicó el mensaje divino. Esta proclamación anunciaba varios aspectos:

> **Panorama Doctrinal**
>
> **Notas**

1. La _____ del Reino de Dios. *'Desde entonces comenzó Jesús a predicar, y a decir: Arrepentíos, porque el reino de los cielos se ha acercado'* (Mat. 4:17).
2. El _____ de la vida del Reino (El sermón del monte Mat. 5-7).
3. La _____ ministerial de Cristo mismo. *'El Espíritu del Señor está sobre mí, por cuanto me ha ungido para dar buenas nuevas a los pobres; me ha enviado a sanar a los quebrantados de corazón; a pregonar libertad a los cautivos, y vista a los ciegos; a poner en libertad a los oprimidos; a predicar el año agradable del Señor'* (Luc. 4:18-19).
4. La _____ del Reino de Dios por medio de sus milagros y parábolas. *'...Los ciegos ven, los cojos andan, los leprosos son limpiados, los sordos oyen, los muertos son resucitados, y a los pobres es anunciado el evangelio'* (Mat. 11:5). *'Y les habló muchas cosas por parábolas...'* (Mat. 13:3-52).
5. El _____ de las profecías antiguotestamentarias. *'...Que era necesario que se cumpliese todo lo que está escrito de mí en la ley de Moisés, en los profetas y en los salmos'* (Luc. 24:44).
6. Que Cristo mismo era la _____

vía hacia Dios. *'Jesús le dijo: Yo soy el camino, y la verdad, y la vida; nadie viene al Padre, sino por mí'* (Jn. 14:6).

7. Los eventos _____ (Sermón de eventos futuros Mat. 24-25).

8. El _____ de Cristo por su ofrecimiento en la obra de la redención. *'Porque esto es mi sangre del nuevo pacto, que por muchos es derramada para remisión de los pecados'* (Mat. 26:28).

Jesús cumplió su función como _____, *'Recorría Jesús todas las ciudades y aldeas, enseñando en las sinagogas de ellos, y predicando el evangelio del reino, y sanando toda enfermedad y toda dolencia en el pueblo'* (Mat. 9:35).

B. Sacerdote

La función del '_____', era la de representar a los hombres delante de Dios, y de Dios delante del pueblo.[35]

Cristo hizo su obra sacerdotal, *'...porque esto lo hizo una vez para siempre, ofreciéndose a sí mismo'* (Heb. 7:27). *'...viviendo siempre para interceder por ellos'* (Heb. 7:25).

Como sacerdote, Cristo fue...

1. Constituido con _____ del mismo Dios, *'porque los otros ciertamente sin juramento fueron hechos sacerdotes; pero éste, con el juramento del que le dijo: Juró el Señor, y no se arrepentirá: Tú eres sacerdote para siempre...'* (Heb. 7:21).

2. Constituido porque es _____, *'Y los otros sacerdotes llegaron a ser muchos, debido a que por la muerte no podían continuar; mas éste, por cuato permanece para siempre, tiene un sacerdocio inmutable'* (Heb. 7:23-24).

3. Constituido porque es _____ y _____, *'Porque tal sumo sacerdote nos convenía: santo, inocente, sin mancha, apartado de los pecadores, y hecho más sublime que los cielos'* (Heb. 7:26).

Panorama Doctrinal

Notas

> **Panorama Doctrinal**
>
> **Notas**

El sacrificio expiatorio de Cristo es lo que lo autoriza como el Sacerdote único, porque él es:
1. El '_____ de Dios, que quita el pecado del mundo' (Jn. 1:29).
2. El que dio su cuerpo y derramó su sangre 'para _____ de los pecados' (Mat. 26:28).
3. El que '_____ los cielos' (Heb. 4:14).
4. El que 'nos _____ de todo pecado' (1 Jn. 1:7).
5. El que 'nos _____ de nuestros pecados' (Apoc. 1:5).
6. El que 'se _____ de nuestras debilidades' (Heb. 4:15).

Como Cristo cumplió su ministerio _____, 'acerquémonos, pues, confiadamente al trono de la gracia, para alcanzar misericordia y hallar gracia para el oportuno socorro' (Heb. 4:16).

C. Rey

La función del '_____', es la de reinar o gobernar sobre el pueblo como representante ungido de Dios.³⁶

Jesucristo fue el _____ prometido en el Antiguo Testamento, 'Este será grande, y será llamado Hijo del Altísimo; y el Señor Dios le dará el trono de David su padre; y _____ sobre la casa de Jacob para siempre, y su _____ no tendrá fin' (Luc. 1:32-33).

El reino de Cristo empezaba por lo _____, 'Arrepentíos, porque el reino de los cielos se ha acercado' (Mat. 4:17); pero afectaría también el estilo total de la vida del hombre. El pueblo de Dios no entendió la _____ del reino de Jesucristo, porque amenazaba su sistema político y religioso. Esto les llevó a desecharle y matarle; así se convertiría en el Rey y Señor espiritual de todo el que creyera en él, 'A lo suyo vino, y los suyos no le recibieron. Mas a todos los que le recibieron, a los que creen en su nombre, les dio potestad de ser hechos hijos de Dios' (Jn. 1:11-12).

Como Jesús no pudo reinar en Israel en su _____ venida, su reino fue pospuesto para reinar en su _____ venida.³⁷ Él vendrá y tendrá un reino próspero _____ y _____ por 1000 años para gobernar desde _____ al mundo. *'Y Jehová será _____ sobre toda la tierra'* (Zac. 14:9). *'...sino que serán sacerdotes de Dios y de Cristo, y _____ con él mil años'* (Apoc. 20:6). *'Y los redimidos de Jehová volverán, y vendrán a _____ con alegría; y gozo perpetuo será sobre sus cabezas; y tendrán gozo y alegría, y huirán la tristeza y el gemido'* (Isa. 35:10). *'Multiplicaré asimismo el fruto de los _____, y el fruto de los _____, para que nunca más recibáis oprobio de hambre entre las naciónes'* (Eze. 36:30).

Al final de los tiempos viviremos en el reino del Señor en la nueva Jerusalén para siempre, *'...y _____ por los siglos de los siglos'* (Apoc. 22:5).

Panorama Doctrinal

Notas

Su Muerte

A. Su significado:
1. Como un _____. Rescatar es pagar un precio por alguien para otorgarle la libertad de la que estaba privado.³⁸ *'...y para dar su vida en _____ por muchos'* (Mat. 20:28; cp. 1 Tim. 2:6; 1 Ped. 1:18-19). Cristo pagó el rescate por nosotros, la demanda que el Padre en su justicia exigía fue cancelada por el precio de la _____ de Cristo.
2. Como una _____. Propiciación es la satisfacción de la justicia de Dios, por medio del sacrificio de Cristo, que cancela el pecado.³⁹ *'A quien Dios puso como _____ por medio de la fe en su sangre, para manifestar su justicia, a causa de haber pasado por alto, en su paciencia, los pecados pasados'* (Rom. 3:25; cp. 1 Jn. 2:2; 4:10). Dios es santo y su ira solo se aplaca al quitar el motivo (pecado) que la provoca; la sangre de Cristo es la que _____ el pecado.

> **Panorama Doctrinal**
>
> **Notas**

3. Como una _____.
Reconciliación es la obra de Cristo de quitar la enemistad entre el hombre y Dios, proporcionando una relación favorable entre ambos.[40] *'Porque si siendo enemigos, fuimos _____ con Dios por la muerte de su Hijo...'* (Rom. 5:10-11; cp. 2 Cor. 5:18-19). Cristo es el que quita el _____ para que el ser humano pueda reconciliarse con Dios.

4. Como una _____.
Sustitución es la obra de Cristo de morir en nuestro lugar,[41] debido a nuestra incapacidad y a Su capacidad. *'Porque también Cristo padeció una sola vez _____ los pecados, el justo _____ los injustos, para llevarnos a Dios...'* (1 Ped. 3:18; cp. Rom. 5:8; 1 Ped. 2:24). Cristo ocupó _____ lugar y no puede haber otro sustituto.

5. Como una _____.
Justificación es el acto legal de declarar sin culpa al que es culpable, por la defensa de otro.[42] *'...para que nosotros fuésemos hechos _____ de Dios en él'* (2 Cor. 5:21; cp. Rom. 4:25; 5:1). Por la justicia de Cristo, el hombre puede ser declarado _____ de la culpa del pecado.

B. Su necesidad:[43]

1. La _____ bíblica lo había anunciado; la muerte de Cristo era una profecía que tenía que cumplirse. *'Y después de las sesenta y dos semanas se _____ la vida al Mesías'* (Dan. 9:26; cp. Isa. 53; Luc. 24:25-27, 44).

2. La _____ del Padre; no había otro modo de satisfacer las exigencias de Dios para Él sentirse complacido, y que la raza humana pudiera obtener la salvación. *'Y ciertamente todo sacerdote está día tras día ministrando y ofreciendo muchas veces los mismos sacrificios, que nunca*

pueden _____ los pecados; pero Cristo, habiendo ofrecido una vez para siempre un solo _____ por los pecados, se ha sentado a la diestra de Dios'* (Heb. 10:11-12).

3. Cristo era el _____ que podía ser suficiente para que las necesidades del hombre fueran satisfechas con la salvación de Dios. Jesucristo es el único ser que es humano y divino, por eso él es el único salvador. *'Y en _____ otro hay salvación; porque no hay _____ nombre bajo el cielo, dado a los hombres, en que podamos ser salvos'* (Hech. 4:12; cp. 1 Tim. 2:5).

C. Sus resultados:
1. Estableció su _____ eterno. *'Y no por sangre de machos cabríos ni de becerros, sino por su propia sangre, entró una vez para siempre en el Lugar Santísimo, habiendo obtenido eterna redención'* (Heb. 9:12).
2. Destruyó el poder _____ sobre la muerte. *'...él también participó de lo mismo, para destruir por medio de la muerte al que tenía el imperio de la muerte, esto es, al diablo'* (Heb. 2:14).
3. Venció sobre las fuerzas del _____. *'Y despojando a los principados y a las potestades, los exhibió públicamente, triunfando sobre ellos en la cruz'* (Col. 2:15).
4. Proveyó la _____ a todo el que cree en él. *'Que si confesares con tu boca que Jesús es el Señor, y creyeres en tu corazón que Dios le levantó de los muertos, serás salvo'* (Rom. 10:9).
5. Otorgó _____ eterna a todo el que cree en Dios, librándolo de la _____ eterna. *'...El que oye mi palabra, y cree al que me*

Panorama Doctrinal

Notas

envió, tiene vida eterna; y no vendrá a condenación, mas ha pasado de muerte a vida' (Jn. 5:24).
6. Nos _____ de la maldición de la ley. *'Cristo nos redimió de la maldición de la ley, hecho por nosotros maldición (porque está escrito: Maldito todo el que es colgado en un madero'* (Gál. 3:13).
7. _____ al creyente. *'Pues mucho más, estándo ya justificados en su sangre, por él seremos salvos de la ira'* (Rom. 5:9).
8. _____ al creyente. *'En esa voluntad somos santificados mediante la ofrenda del cuerpo de Jesucristo hecha una vez para siempre'* (Heb. 10:10).

Su Resurrección

La resurrección de Cristo es uno de los temas destacados de la ____ bíblica. Si Cristo no hubiese resucitado, entonces no había _____ de la maldición de la muerte, no había _____ de pecados, ni habría _____ después de la muerte.

Panorama Doctrinal

Notas

A. Pruebas:[44]
1. La _____ vacía. *'Mas el ángel, respondiendo, dijo a las mujeres: No temáis vosotras; porque yo sé que buscáis a Jesús, el que fue crucificado. No está aquí, pues ha resucitado, como dijo. Venid, ved el lugar donde fue puesto el Señor'* (Mat. 28:5-6).
2. Los _____ ordenados. *'Y vio los lienzos puestos allí, y el sudario, que había estado sobre la cabeza de Jesús, no puesto con los lienzos, sino enrollado en un lugar aparte'* (Jn. 20:6-7).
3. El informe de la _____. *'Mientras ellas iban, he aquí unos de la guardia fueron a la ciudad, y dieron aviso a los principales sacerdotes de todas las cosas que habían acontecido'* (Mat. 28:11).
4. El _____ de los que lo vieron después de resucitado. *'Después apareció a más de quinientos*

hermanos a la vez, de los cuales muchos viven aún, y otros ya duermen' (1 Cor. 15:6; cp. Mat. 28:9; Luc. 24:34; Jn. 20:14, 19, 26; 21:1).

B. Propósitos:
1. Cristo resucitó para ser Soberano _____. *'Porque Cristo para esto murió y resucitó, y volvió a vivir, para ser Señor así de los muertos como de los que viven'* (Rom. 14:9).
2. Cristo resucitó para nuestra _____. *'El cual fue entregado por nuestras transgresiones, y resucitado para nuestra justificación'* (Rom. 4:25).
3. Cristo resucitó para _____ nuestra resurrección. *'Porque si los muertos no resucitan, tampoco Cristo resucitó'* (1 Cor. 15:16).

La resurrección de Jesucristo proclama la predicación y la fe del evangelio: *'Y si Cristo no resucitó, vana es entonces nuestra _____, vana es también vuestra ____'* (1 Cor. 15:14).

Su Ascensión

La ascensión de Cristo es su traslado de la tierra al cielo donde mora Dios.

A. Naturaleza:[45]
1. Fue _____ y _____. *'Y habiendo dicho estas cosas, _____ ellos, fue alzado, y le recibió una nube que le ocultó de sus ojos'* (Hech. 1:9).
2. _____ los cielos. *'Y estando ellos con los ojos puestos en el _____, entre tanto que él se iba, he aquí se pusieron junto a ellos dos varones con vestiduras blancas'* (Hech. 1:10).
3. Afirmó su _____ a la tierra por los suyos. *'Los cuales también les dijeron: Varones galileos, ¿por qué estáis mirando al cielo? Este mismo Jesús, que ha sido*

Panorama Doctrinal

Notas

Panorama Doctrinal

Notas

tomado de vosotros al cielo, así _____ como le habéis visto ir al cielo' (Hech. 1:11).

B. Importancia:
1. Pone fin a su _____ en el mundo. *'Por lo cual Dios también le exaltó hasta lo sumo, y le dio un nombre que es sobre todo nombre, para que en el nombre de Jesús se doble toda rodilla...'* (Fil. 2:9-10).
2. Hace posible la _____ del Espíritu Santo. *'Os conviene que yo me vaya; porque si no me fuera, el Consolador no vendría a vosotros; mas si me fuere, os lo enviaré'* (Jn. 16:7).
3. Culminó su obra _____ en el mundo. *'Habiendo efectuado la purificación de nuestros pecados por medio de sí mismo, se sentó a la diestra de la Majestad en las alturas'* (Heb. 1:3).
4. Confirma la _____ del Padre de la obra redentora del Hijo. *'Puestos los ojos en Jesús, el autor y consumador de la fe... y se sentó a la diestra del trono de Dios'* Heb. 12:2).

C. ¿Para qué Ascendió Jesús al Padre?
1. Para preparar la _____ de los salvos. *'En la casa de mi Padre muchas moradas hay... voy, pues a preparar lugar para vosotros. Y si me fuere y os preparare lugar, vendré otra vez, y os tomaré a mí mismo, para que donde yo estoy, vosotros también estéis'* (Jn. 14:2-3).
2. Para ser Sumo _____. *'Por tanto, teniendo un gran sumo sacerdote que traspasó los cielos, Jesús el Hijo de Dios... Acerquémonos, pues, confiadamente al trono de la gracia, para alcanzar misericordia y hallar gracia para el oportuno socorro'* (Heb. 4:14-16).

3. Para ser _____ del creyente. *'Hijitos míos, estas cosas, os escribo para que no pequéis; y si alguno hubiere pecado, abogado tenemos para con el Padre, a Jesucristo el justo'* (1 Jn. 2:1). *'Porque no entró Cristo en el santuario hecho de mano... sino en el cielo mismo para presentarse ahora por nosotros ante Dios'* (Heb. 9:24).

Jesucristo es el _____ Todopoderoso que obró la obra de la _____ por su perfecta _____, sólo a través de Jesús el hombre puede obtener la _____ eterna.

Panorama Doctrinal

Notas

DIOS – ESPÍRITU SANTO

El Espíritu Santo es la tercera persona de la _____, el cual es _____ con el Padre y con el Hijo.

Su Personalidad

El Espíritu Santo _____ del Padre y del Hijo, *'Pero cuando venga el Consolador, a quien yo os enviaré del Padre, el Espíritu de verdad, el cual procede del Padre, él dará testimonio acerca de mí'* (Jn. 15:26); y es una _____ porque _____:

1. _____ *'Mas el que escudriña los corazones sabe cuál es la intención del Espíritu...'* (Rom. 8:27).
2. _____ *'Pero todas estas cosas las hace uno y el mismo Espíritu, repartiendo a cada uno en particular como él quiere'* (1 Cor. 12:11).
3. _____ *'Y no contristéis al Espíritu Santo de Dios...'* (Efe. 4:30).

A. Nombre:

Espíritu _____, *'...bautizándolos en el nombre del Padre, y del Hijo, y del Espíritu Santo'* (Mat. 28:19).

B. Títulos:

1. _____ *'Pero cuando venga el Consolador, a quien yo os enviaré del Padre, el Espíritu de verdad, el cual procede del Padre...'* (Jn. 15:26).
2. Espíritu de _____, *'Y reposará sobre él el Espíritu de Jehová; espíritu de sabiduría y de inteligencia, espíritu de consejo y de poder, espíritu de conocimiento y de temor de Jehová'* (Isa. 11:2).
3. Espíritu de vuestro _____, *'Porque no sois vosotros los que habláis, sino el Espíritu de vuestro Padre que habla en vosotros'* (Mat. 10:20).

Panorama Doctrinal

Notas

> **Panorama Doctrinal**
>
> **Notas**

4. Espíritu del Dios _____, '...escrita no con tinta, sino con el Espíritu del Dios vivo...' (2 Cor. 3:3).
5. Espíritu del _____, 'El Espíritu del Señor está sobre mí...' (Luc. 4:18).
6. Espíritu de _____, y Espíritu de _____, 'Mas vosotros no vivís según la carne, sino según el Espíritu, si es que el Espíritu de Dios mora en vosotros. Y si alguno no tiene el Espíritu de Cristo, no es de él' (Rom. 8:9).
7. Espíritu de _____, 'Porque sé que por vuestra oración y la suministración del Espíritu de Jesucristo, esto resultará en mi liberación' (Fil. 1:19).
8. Espíritu de _____, 'que fue declarado Hijo de Dios con poder, según el Espíritu de santidad...' (Rom. 1:4).
9. Espíritu de _____, 'el Espíritu de verdad, al cual el mundo no puede recibir...' (Jn. 14:17).
10. Espíritu de _____, 'Porque la ley del Espíritu de vida en Cristo Jesús me ha librado de la ley del pecado y de la muerte' (Rom. 8:2).
11. Espíritu _____, '¿cuánto más la sangre de Cristo, el cual mediante el Espíritu eterno se ofreció a sí mismo sin mancha a Dios...' (Heb. 9:14).
12. Espíritu Santo de la _____, '...y habiendo creído en él, fuisteis sellados con el Espíritu Santo de la promesa' (Efe. 1:13).

C. Atributos:
1. _____ '¿cuánto más la sangre de Cristo, el cual mediante el Espíritu eterno se ofreció a sí mismo sin mancha a Dios...?' (Heb. 9:14).

2. _____ '¿A dónde me iré de tu Espíritu? ¿Y a dónde huiré de tu presencia?...' (Sal. 139:7-10).
3. _____ 'Pero Dios nos las reveló a nosotros por el Espíritu; porque el Espíritu todo lo escudriña, aun lo profundo de Dios' (1 Cor. 2:11).
4. _____, 'Y si el Espíritu de aquel que levantó de los muertos a Jesús... vivificará también vuestros cuerpos mortales por su Espíritu que mora en vosotros' (Rom. 8:11).
5. _____, 'Mas el Consolador, el Espíritu Santo, a quien el Padre enviará en mi nombre...' (Jn. 14:26).
6. _____ 'El Espíritu de verdad, al cual el mundo no puede recibir...' (Jn. 14:17).
7. _____ 'porque el amor de Dios ha sido derramado en nuestros corazones por el Espíritu Santo que nos fue dado' (Rom. 5:5).

Su Ministerio

El ministerio del Espíritu Santo declara que él es Dios.

A. En relación a la creación:
1. _____ en ella. 'El espíritu de Dios me hizo, y el soplo del Omnipotente me dio vida' (Job 33:4).
2. Está _____ en los procesos de la naturaleza. 'Envías tu Espíritu, son creados, y renuevas la faz de la tierra' (Sal. 104:30).

B. En relación a Jesucristo:
1. Fue _____ por él. '...Estando desposada María su madre con José, antes que se juntasen, se halló que había concebido del Espíritu Santo' (Mat. 1:18).
2. Lo _____ previo a la tentación. 'Jesús, lleno del Espíritu Santo, volvió del Jordán, y fue llevado por el Espíritu al desierto por cuarenta días, y era

Panorama Doctrinal

Notas

tentado por el diablo' (Luc. 4:1-2).
3. Lo _____ para el ministerio. *'El Espíritu del Señor está sobre mí, por cuanto me ha ungido para dar buenas nuevas a los pobres; me ha enviado a sanar a los quebrantados de corazón; a pregonar libertad a los cautivos, y vista a los ciegos'* (Luc. 4:18).
4. Lo _____ con su poder. *'Cómo Dios ungió con el Espíritu Santo y con poder a Jesús de Nazaret, y cómo éste anduvo haciendo bienes y sanando a todos los oprimidos por el diablo, porque Dios estaba con él'* (Hech. 10:38).
5. _____ la redención de Cristo. *'¿Cuánto más la sangre de Cristo, el cual mediante el Espíritu eterno se ofreció a sí mismo sin mancha a Dios...?'* (Heb. 9:14).
6. Lo _____ de los muertos. *'Y si el Espíritu de aquel que levantó de los muertos a Jesús mora en vosotros, el que levantó de los muertos a Cristo Jesús...'* (Rom. 8:11).

C. En relación a la Escritura:
1. Las _____ y _____ la profecía. *'Los profetas que profetizaron de la gracia destinada a vosotros, inquirieron y diligentemente indagaron acerca de esta salvación, escudriñando qué persona y qué tiempo indicaba el Espíritu de Cristo que estaba en ellos, el cual anunciaba de antemano los sufrimientos de Cristo, y las glorias que vendrían tras ellos'* (1 Ped. 1:10-11).
2. Las _____. *'Porque nunca la profecía fue traída por voluntad humana, sino que los santos hombres de Dios hablaron siendo inspirados por el Espíritu Santo'* (2 Ped. 1:21).
3. Las _____. *'Lo cual también hablamos, no con palabras enseñadas por sabiduría humana, sino con las que enseña el Espíritu...'* (1 Cor. 2:13).

Panorama Doctrinal

Notas

D. En relación al no creyente:

1. Lo convence de _____. *'Y cuando él venga, convencerá al mundo de pecado, de justicia y de juicio. De pecado, por cuanto no creen en mí'* (Jn. 16:8-9).
2. Lo convence de _____. *'Y cuando él venga, convencerá al mundo de pecado, de justicia y de juicio. De justicia, por cuanto voy al Padre, y no me veréis más'* (Jn. 16:8 y 10).
3. Lo convence de _____. *'Y cuando él venga, convencerá al mundo de pecado, de justicia y de juicio. Y de juicio, por cuanto el príncipe de este mundo ha sido ya juzgado'* (Jn. 16:8 y 11).

E. En relación a los creyentes:

1. Nos proporciona el _____ nacimiento. *'Nos salvó, no por obras de justicia que nosotros hubiéramos hecho, sino por su misericordia, por el lavamiento de la regeneración y por la renovación en el Espíritu Santo'* (Tit. 3:5).
2. Nos _____. *'Porque por un solo Espíritu fuimos todos bautizados en un cuerpo...'* (1 Cor. 12:13).
3. _____ en nosotros. *'¿No sabéis que sois templo de Dios, y que el Espíritu de Dios mora en vosotros?'* (1 Cor. 3:16).
4. Nos _____. *'Y no contristéis al Espíritu Santo de Dios, con el cual fuisteis sellados para el día de la redención'* (Efe. 4:30).
5. Nos _____. *'...antes bien sed llenos del Espíritu'* (Efe. 5:18).
6. Testifica que somos _____ de Dios. *'El Espíritu mismo da testimonio a nuestro espíritu, de que somos hijos de Dios'* (Rom. 8:16).
7. Nos _____ y _____ la verdad. *'Pero cuando*

Panorama Doctrinal

Notas

Panorama Doctrinal

Notas

venga el Espíritu de verdad, él os guiará a toda la verdad; porque no hablará por su propia cuenta, sino que hablará todo lo que oyere, y os hará saber las cosas que habrán de venir' (Jn. 16:13).

8. _____ en nuestras oraciones. *'Y de igual manera el Espíritu nos ayuda en nuestra debilidad; pues qué hemos de pedir como conviene, no lo sabemos, pero el Espíritu mismo intercede por nosotros con gemidos indecibles'* (Rom. 8:26).

9. Nos da la mente de Cristo para _____ lo espiritual. *'Pero Dios nos las reveló a nosotros por el Espíritu; porque el Espíritu todo lo escudriña, aun lo profundo de Dios. Mas nosotros tenemos la mente de Cristo'* (1 Cor. 2:10 y 16).

10. Nos capacita para obrar su _____. *'Mas el fruto del Espíritu es amor, gozo, paz, paciencia, benignidad, bondad, fe, mansedumbre, templanza; contra tales cosas no hay ley'* (Gál. 5:22-23).

Tanto en su personalidad como en su ministerio, el Espíritu Santo declara su Divinidad, él es Dios _____ %.

F. En relación a la iglesia:
1. Él la _____ en el Cuerpo. *'Porque por un solo Espíritu fuimos todos bautizados en un cuerpo, sean judíos o griegos, sean esclavos o libres; y a todos se nos dio a beber de un mismo Espíritu'* (1 Cor. 12:13).
2. Él _____ en ella. *'En quien todo el edificio, bien coordinado, va creciendo para ser un templo santo en el Señor; en quien vosotros también sois juntamente edificados para morada de Dios en el Espíritu'* (Efe. 2:21-22).
3. Él Establece a sus _____. *'...y por todo el rebaño en que el Espíritu Santo os ha puesto por obispos, para apacentar la iglesia del Señor...'* (Hech. 20:28).

4. Él Controla a sus _____. *'Entonces Pedro, lleno del Espíritu Santo, les dijo...'* (Hech. 4:8).
5. Él Está presente en sus _____. *'Orando en todo tiempo con toda oración y súplica en el Espíritu, y velando en ello con toda perseverancia y súplica por todos los santos'* (Efe. 6:18).
6. Él administra los _____. *'Pero todas estas cosas las hace uno y el mismo Espíritu, repartiendo a cada uno en particular como él quiere'* (1 Cor. 12:11).
7. Él _____ a los misioneros. *'Ministrando éstos al Señor, y ayunando, dijo el Espíritu Santo: Apartadme a Bernabé y a Saulo para la obra a que los he llamado'* (Hech. 13:2).
8. Él _____ a los misioneros. *'Ellos, entonces, enviados por el Espíritu Santo, descendieron a...'* (Hech. 13:4).
9. Él le da _____ en las misiones. *'Pero recibiréis poder, cuando haya venido sobre vosotros el Espíritu Santo, y me seréis testigos en...'* (Hech. 1:8).
10. Él Guía en la _____ de sus problemas. *'Porque ha parecido bien al Espíritu Santo, y a nosotros, no imponeros ninguna carga más que estas cosas necesarias'* (Hech. 15:28).

El ministerio del Espíritu Santo en el Antiguo Testamento era más _____ que en el Nuevo, pero siempre ha sido _____ con el Padre y el Hijo en su divinidad.

Panorama Doctrinal

Notas

Ofensas Contra el Espíritu Santo
A. Del no Creyente:[46]
1. _____ o rechazarlo. *'¡Duros de cerviz, e incircuncisos de corazón y de oídos! Vosotros resistís siempre al Espíritu Santo; como vuestros padres, así también vosotros'* (Hech. 7:51).

2. _____ o despreciarlo. *'¿Cuánto mayor castigo pensáis que merecerá el que pisoteare al Hijo de Dios, y tuviere por inmunda la sangre del pacto en la cual fue santificado, e hiciere afrenta al Espíritu de gracia?'* (Heb. 10:29).
3. _____. *'...Todo pecado y blasfemia será perdonado a los hombres; mas la blasfemia contra el Espíritu no les será perdonada'* (Mat. 12:31).

B. Del Creyente:[47]
1. _____ o entristecerlo. *'Y no contristéis al Espíritu Santo de Dios, con el cual fuisteis sellados para el día de la redención'* (Efe. 4:30). Esto es oponerse a la llenura del Espíritu.
2. _____. *'Y dijo Pedro: Ananías, ¿por qué llenó Satanás tu corazón para que mintieses al Espíritu Santo, y sustrajeses del precio de la heredad?'* (Hech. 5:3). Esto se relaciona con la hipocresía.
3. _____. *'No apaguéis al Espíritu'* (1 Tes. 5:19). Esto se relaciona con la falta de servicio.

El Espíritu Santo es _____ no sólo para la salvación, sino para la _____ de la vida del cristiano; sin la obra del Espíritu no habría una Iglesia _____, ni una vida cristiana _____ a Dios. El Espíritu Santo es el _____ de Dios, él es _____.

Panorama Doctrinal

Notas

LOS ÁNGELES

Su Clasificación

La Biblia establece que los ángeles fueron seres creados para _____ como agentes de Dios en la realización de su divina voluntad (cp. Neh. 9:6; Col. 1:16); de ahí que el término 'ángel' se refiere a '_____'.[48]

La Biblia también explica que tras la _____ de Satanás, que era un querubín (cp. Ezeq. 28:14, 16), muchos ángeles decidieron también _____ (cp. 2 Ped. 2:4; Jud. 6); de ahí que podemos clasificar los ángeles en _____ grupos:[49]

1. Ángeles _____. Son los que decidieron no pecar o seguir el camino de Satanás. Por esta decisión, estos son los ángeles que siguen al servicio de _____.
2. Ángeles _____. Son los que decidieron pecar, siguiendo así a Satanás; a éstos se les llama _____ o ángeles caídos. Por su decisión, estos son los ángeles que están al servicio de _____.

Ángeles Santos

Sus Títulos

1. Ángeles de _____. *'Jacob siguió su camino, y le salieron al encuentro ángeles de Dios'* (Gén. 32:1).
2. Hijos de _____. *'Un día vinieron a presentarse delante de Jehová los hijos de Dios...'* (Job 1:6; cp. 2:1; 38:7).
3. Hijos de los _____. *'Porque ¿quién en los cielos se igualará a Jehová? ¿Quién será semejante a Jehová entre los hijos de los potentados?'* (Sal. 89:6).
4. Congregación de los _____. *'Dios temible en la gran congregación de los santos, y formidable sobre todos cuantos están alrededor de él'* (Sal. 89:7).
5. _____. *'...entre tanto que él se iba, he aquí se pusieron junto a ellos dos varones con vestiduras blancas'* (Hech. 1:10; cp. Gén. 18:2).

Panorama Doctrinal

Notas

Perfeccionados

6. _____ ministradores. *'¿No son todos espíritus ministradores, enviados para servicio a favor de los que serán herederos de la salvación?'* (Heb. 1:14).

> **Panorama Doctrinal**
>
> **Notas**

Su Naturaleza[50]

1. Son criaturas _____. *'¿No son todos espíritus ministradores, enviados para servicio a favor de los que serán herederos de la salvación?'* (Heb. 1:14).
2. Son seres _____. *'Porque no pueden ya más morir, pues son iguales a los ángeles...'* (Luc. 20:36).
3. No se _____. *'Porque cuando resuciten de los muertos, ni se casarán ni se darán en casamiento, sino serán como los ángeles que están en los cielos'* (Mar. 12:25).
4. Son designados como _____. *'...entre tanto que él se iba, he aquí se pusieron junto a ellos dos varones con vestiduras blancas'* (Hech. 1:10; cp. Gén. 18:2).
5. No son objeto de _____. *'...Y después que las hube oído y visto, me postré para adorar a los pies del ángel que me mostraba estas cosas. Pero él me dijo: Mira, no lo hagas; porque yo soy consiervo tuyo...'* (Apoc. 22:8-9).
6. Son dotados de gran _____ y _____. *'Bendecid a Jehová, vosotros sus ángeles, poderosos en fortaleza, que ejecutáis su palabra...'* (Sal. 103:20).
7. Son _____. *'...a la ciudad del Dios vivo, Jerusalén la celestial, a la compañía de muchos millares de ángeles'* (Heb. 12:22).

Su Personalidad

Los ángeles tienen:[51]
1. Intelecto.
   a. _____, *'Respondiendo el ángel, le dijo: El Espíritu Santo vendrá sobre ti, y el poder del Altísimo te cubrirá con su sombra...'* (Luc. 1:35).
   b. _____ a Dios, *'Alabadle, vosotros todos sus ángeles; alabadle, vosotros todos sus ejércitos'* (Sal. 148:2).
2. Emociones.
   a. _____ a Dios, *'Y repentinamente apareció con el ángel una multitud de las huestes celestiales, que alababan a Dios, y decían: ¡Gloria a Dios en las alturas...!'* (Luc. 2:13-14).
   b. Se _____ por el arrepentimiento, *'Así os digo que hay gozo delante de los ángeles de Dios por un pecador que se arrepiente'* (Luc. 15:10).
3. Voluntad.
   a. _____ de no enjuiciar, *'Pero cuando el arcángel Miguel contendía con el diablo, disputando con él por el cuerpo de Moisés, no se atrevió a proferir juicio de maldición contra él, sino que dijo: El Señor te reprenda'* (Jud. 9).
   b. _____ de no recibir adoración, *'Yo me postré a sus pies para adorarle. Y él me dijo: Mira, no lo hagas; yo soy consiervo tuyo, y de tus hermanos que retienen el testimonio de Jesús. Adora a Dios...'* (Apoc. 19:10).

Su Organización[52]

1. _____, que puede referirse al ángel _____ de Israel. *'Pero cuando el arcángel Miguel contendía con el diablo, disputando con él por el cuerpo de Moisés...'* (Jud. 9).

Panorama Doctrinal

2. _____, que eran designados para _____ el tabernáculo, el arca del pacto y el trono de Dios. *'Y habló al varón vestido de lino, y le dijo: Entra en medio de las ruedas debajo de los querubines, y llena tus manos de carbones encendidos de entre los querubines, y espárcelos sobre la ciudad...'* (Ezeq. 10:2).

3. _____, que eran designados para _____ a Dios y _____ su santidad. *'Por encima de él había serafines; cada uno tenía seis alas... Y el uno al otro daba voces, diciendo: Santo, santo, santo, Jehová de los ejércitos; toda la tierra está llena de su gloria'* (Isa. 6:2-3).

4. _____, que son mencionados en sentido general. *'¿Acaso piensas que no puedo ahora orar a mi Padre, y que él no me daría más de doce legiones de ángeles?'* (Mat. 26:53).

Nota:
   a. Sólo _____ es llamado arcángel (cp. Jud. 9; Dan. 10:13; 12:1).
   b. _____ es el único ángel nombrado, y sirve como un mensajero especial (cp. Luc. 1:19, 26; Dan. 8:16).
   c. El Ángel de _____ es Cristo antes de su encarnación (cp. Jue. 13:17-18 con Isa. 9:6).

Notas

Su Ministerio

En general, los ángeles están para servir a Dios y a los creyentes (cp. Heb. 1:7, 14); pero clasifiquemos su ministerio así:

1. Hacia _____.
   a. Le _____, *'Pero él me dijo: Mira, no lo hagas; porque yo soy consiervo tuyo, de tus hermanos los profetas...'* (Apoc. 22:9).

b. Le _____, *'Alabadle, vosotros todos sus ángeles; alabadle, vosotros todos sus ejércitos'* (Sal. 148:2).

c. Ejecutan su _____, *'Bendecid a Jehová, vosotros sus ángeles..., que ejecutáis su palabra, obedeciendo a la voz de su precepto'* (Sal. 103:20).

d. Ejecutan sus _____, *'El primer ángel tocó la trompeta, y hubo granizo y fuego mezclados con sangre, que fueron lanzados sobre la tierra...'* (Apoc. 8:7).

2. Hacia _____.[53]

   a. Anunciaron su _____ del Espíritu, *'Respondiendo el ángel, le dijo: El Espíritu Santo vendrá sobre ti, y el poder del Altísimo te cubrirá con su sombra...'* (Luc. 1:35).

   b. Anunciaron su _____, *'Pero el ángel les dijo: No temáis; porque he aquí os doy nuevas de gran gozo, que será para todo el pueblo: que os ha nacido hoy, en la ciudad de David, un Salvador, que es CRISTO el Señor'* (Luc. 2:10-11).

   c. Lo _____, *'Y repentinamente apareció con el ángel una multitud de las huestes celestiales, que alababan a Dios, y decían: ¡Gloria a Dios..., y en la tierra paz...!'* (Luc. 2:13-14).

   d. Le _____ después que venció sobre la tentación, *'El diablo entonces le dejó; y he aquí vinieron ángeles y le servían'* (Mat. 4:11).

   e. Le _____ cuando oraba en Getsemaní, *'Y se le apareció un ángel del cielo para fortalecerle'* (Luc. 22:43).

   f. Removieron la piedra de su _____, *'Y hubo un gran terremoto; porque un ángel del Señor, descendiendo del cielo y lle-*

gando, removió la piedra, y se sentó sobre ella' (Mat. 28:2).

g. Proclamaron su _____, *'Mas el ángel, respondiendo, dijo a las mujeres: No temáis vosotras; porque yo sé que buscáis a Jesús, el que fue crucificado. No está aquí, pues ha resucitado...'* (Mat. 28:5-6).

h. Fueron testigos de su _____, *'Y estando ellos con los ojos puestos en el cielo, entre tanto que él se iba, he aquí se pusieron junto a ellos dos varones con vestiduras blancas, los cuales también les dijeron: ...así vendrá como le habéis visto ir al cielo'* (Hech. 1:10-11).

i. Vendrán con él en su _____ venida, *'Cuando el Hijo del Hombre venga en su gloria, y todos los santos ángeles con él, entonces se sentará en su trono de gloria'* (Mat. 25:31).

Panorama Doctrinal

Notas

3. Hacia los _____.[54]
   a. Se _____ con su salvación, *'Así os digo que hay gozo delante de los ángeles de Dios por un pecador que se arrepiente'* (Luc. 15:10).
   b. Le dan _____, *'Y echándose debajo del enebro, se quedó dormido; y he aquí luego un ángel le tocó, y le dijo: Levántate, come'* (1 Rey. 19:5).
   c. Los _____, *'Mirad que no menospreciéis a uno de estos pequeños; porque os digo que sus ángeles en los cielos ven siempre el rostro de mi Padre que está en los cielos'* (Mat. 18:10; cp. Sal. 34:7).
   d. Le _____, *'¿No son todos espíritus ministradores, enviados para servicio a favor de los que serán herederos de la salvación?'* (Heb. 1:14).
   e. Pueden traer la respuesta a la _____, *'Y he aquí que se presentó un ángel del Señor...; y*

tocando a Pedro en el costado, le despertó, diciendo: Levántate pronto. Y las cadenas se le cayeron de las manos' (Hech. 12:7).
  f. Pueden _____ al cielo cuando mueren, 'Aconteció que murió el mendigo, y fue llevado por los ángeles al seno de Abraham...' (Luc. 16:22).

4. Hacia los ____ creyentes.
  a. Pueden _____ juicios contra ellos, 'Y vi a un ángel que estaba en pie en el sol, y clamó a gran voz, diciendo a todas las aves que vuelan en medio del cielo: Venid, y congregaos a la gran cena de Dios, para que comáis carnes de reyes y de capitanes, y carnes de fuertes, carnes de caballos y de sus jinetes, y carnes de todos, libres y esclavos, pequeños y grandes' (Apoc. 19:17-18; cp. Gén. 19:13).
  b. Pueden _____ juicio contra ellos, 'Al momento un ángel del Señor le hirió, por cuanto no dio la gloria a Dios; y expiró comido de gusanos' (Hech. 12:23).
  c. Los enviarán al castigo _____, 'Enviará el Hijo del Hombre a sus ángeles, y recogerán de su reino a todos los que sirven de tropiezo, y a los que hacen iniquidad, y los echarán en el horno de fuego; allí será el lloro y el crujir de dientes.' (Mat. 13:41-42).

Panorama Doctrinal

Notas

Ángeles Caídos

A estos ángeles llamaremos '_____'. Existen dos categorías de demonios:[55]
1. Los que están en _____, quienes están reservados para _____. 'Porque si Dios no perdonó a los ángeles que pecaron, sino que arrojándolos al infierno los entregó a prisiones de oscuridad, para ser reservados al

juicio' (2 Ped. 2:4). 'Y a los ángeles que no guardaron su dignidad, sino que abandonaron su propia morada, los ha guardado bajo oscuridad, en prisiones eternas, para el juicio del gran día' (Jud. 6).

2. Los que están en _____, quienes están al servicio de _____, oprimiendo a los seres humanos. *'Y cuando salió él de la barca, en seguida vino a su encuentro, de los sepulcros, un hombre con un espíritu inmundo, que tenía su morada en los sepulcros, y nadie podía atarle, ni aun con cadenas' (Mar. 5:2-3). 'y sucede que un espíritu le toma, y de repente da voces, y le sacude con violencia, y le hace echar espuma, y estropeándole, a duras penas se aparta de él' (Luc. 9:39).*

Ambos grupos están _____ al infierno eterno, pues Cristo no _____ por ellos sino por los hombres, *'Porque ciertamente no socorrió a los ángeles, sino que socorrió a la descendencia de Abraham' (Heb. 2:16)*; por eso el resultado de la _____ de los ángeles (santos y caídos) fue _____. Definitivamente el diablo es su _____, *'...malditos, al fuego eterno preparado para el diablo y sus ángeles' (Mat. 25:41).*

Panorama Doctrinal

Notas

Su Existencia.

La existencia de los demonios es _____:

a. *'Sacrificaron a los _____, y no a Dios; a dioses que no habían conocido' (Deut. 32:17).*

b. *'El Espíritu de Jehová se apartó de Saúl, y le atormentaba un espíritu _____ de parte de Jehová' (1 Sam. 16:14).*

c. *'Antes digo que lo que los gentiles sacrifican, a los _____ lo sacrifican, y no a Dios; y no quiero que vosotros os hagáis partícipes con los _____. No podéis beber la copa del Señor, y la copa de los _____; no podéis participar de la mesa del Señor, y de la mesa*

de los _____ ' (1 Cor. 10:20-21).
d. 'Y los otros hombres que no fueron muertos con estas plagas, ni aun así se arrepintieron de las obras de sus manos, ni dejaron de adorar a los _____, y a las imágenes de oro, de plata, de bronce, de piedra y de madera, las cuales no pueden ver, ni oír, ni andar' (Apoc. 9:20).

Su Naturaleza.

Los demonios son espíritus _____ e _____ que llevan a cabo los _____ de Satanás. Su naturaleza es _____ a la de Satanás, quien es *'Beelzebú, príncipe de los demonios'* (Mat. 12:24). Los demonios tienen:[56]

1. _____, *'Y le preguntó Jesús, diciendo: ¿Cómo te llamas? Y él dijo: Legión. Porque muchos demonios habían entrado en él'* (Luc. 8:30).
2. _____, *'Y el hombre en quien estaba el espíritu malo, saltando sobre ellos y dominándolos, pudo más que ellos, de tal manera que huyeron de aquella casa desnudos y heridos'* (Hech. 19:16).
3. _____, *'...vino a su encuentro un hombre de la ciudad, endemoniado desde hacía mucho tiempo... Este, al ver a Jesús, lanzó un gran grito, y postrándose a sus pies exclamó a gran voz: ¿Qué tienes conmigo, Jesús, Hijo del Dios Altísimo? Te ruego que no me atormentes'* (Luc. 8:27-28).
4. _____, *'...También los demonios creen, y tiemblan'* (Sant. 2:19).
5. _____, *'Y mientras se acercaba el muchacho, el demonio le derribó y le sacudió con violencia; pero Jesús reprendió al espíritu inmundo, y sanó al muchacho, y se lo devolvió a su padre'* (Luc. 9:42).

Panorama Doctrinal

Notas

> **Panorama Doctrinal**
>
> **Notas**

Posesión Demoníaca.

La posesión demoníaca es el _____ que tiene sobre una _____ (no creyente) uno o más _____ que están en ella.⁵⁷ Los demonios pueden poseer también _____, *'Y los demonios, salidos del hombre, entraron en los cerdos; y el hato se precipitó por un despeñadero al lago, y se ahogó'* (Luc. 8:33). Las características de un endemoniado, basados en Marcos 5:2-16, son las siguientes:⁵⁸

1. Está _____ por el demonio (2).
2. Tiene _____ sobrehumana (4).
3. Su personalidad está _____ (7).
4. Su mente está _____ de sí (5).
5. Sus emociones son _____ (5).
6. Se _____ a las cosas de Dios (7).
7. Pueden también tener _____ físicas (Mat. 9:32-33).

   Nota:
   a. Cualquier endemoniado puede ser _____ por el poder de Jesucristo, Jesús mismo expulsó demonios (Mat. 8:32; 17:18).
   b. Jesús autorizó a sus discípulos a _____ demonios, *'...En mi nombre echarán fuera demonios...'* (Mar. 16:17).
   c. Jesús enseñó que debemos estar _____ espiritualmente para enfrentar a los demonios, *'Pero este género no sale sino con oración y ayuno'* (Mat. 17:21).
   d. Con el _____ de la Palabra, el ayuno, la oración y en el nombre de Jesús, hoy podemos _____ los ataques malvados del diablo y sus demonios.

Su Destino.

El destino final de los demonios y de Satanás (y de todo el que no se arrepienta de sus pecados) es el _____ de fuego, *'...Apartaos de mí, malditos, al fuego eterno preparado para el diablo y sus ángeles'* (Mat. 25:41). Allí terminará el _____ de Satanás y de los demonios prisioneros y libres, y por la eternidad serán confinados al lado de fuego donde pertenecen.

SATANÁS

La Biblia declara a Satanás como El _____ de Dios y de su Iglesia, y que aunque fue un ángel creado por Dios, en su orgullo, se _____ contra el Creador, convirtiéndose en la _____ de las fuerzas demoníacas, quienes junto a él comandan el ejército del _____, hasta que sean enviados al lago de fuego por la eternidad.

Su Personalidad

A. Él es una persona.

Satanás es una persona porque tiene:

1. _____, *'pero temo que como la serpiente con su _____ engañó a Eva...'* (2 Cor. 11:3),
2. _____, *'tú que decías en tu corazón: _____ al cielo...'* (Isa. 14:13).
3. _____, *'entonces el dragón se llenó de _____ contra la mujer...'* (Apoc. 12:17).

B. Nombres.

1. Satanás (adversario), *'y _____ estaba a su mano derecha para acusarle'* (Zac. 3:1).
2. Diablo (acusador, calumniador), *'otra vez le llevó el _____ a un monte muy alto'* (Mat. 4:8).
3. Beelzebú (señor de las moscas), *'...este no echa fuera los demonios sino por _____, príncipe de los demonios'* (Mat. 12:24).

C. Títulos.

1. Serpiente antigua, *'y prendió al dragón, la _____ antigua'* (Apoc. 20:2).
2. Príncipe de los demonios, *'Por Beelzebú, _____ de los demonios'* (Luc. 11:15).

Panorama Doctrinal

Notas

Panorama Doctrinal

3. Príncipe de la potestad del aire, *'conforme al _____ de la potestad del aire'* (Efe. 2:2).
4. Príncipe de este mundo, *'ahora el _____ de este mundo será echado fuera'* (Jn. 12:31).
5. Lucero de la mañana, *'¡Cómo caíste del cielo, oh _____, hijo de la mañana!'* (Isa. 14:12).
6. El dios de este siglo, *'en los cuales el _____ de este siglo cegó el entendimiento de los incrédulos...'* (2 Cor. 4:4).
7. El malo, *'Cuando alguno oye la palabra del reino y no la entiende, viene el _____...'* (Mat. 13:19).
8. Belial (sinónimo de Satanás, que significa malignidad), *'¿Y qué concordia Cristo con _____?'* (2 Cor. 6:15).
9. Dragón, *'Y fue lanzado fuera el gran _____...'* (Apoc. 12:9).
10. Tentador, *'no sea que os hubiese tentado el _____'* (1 Tes. 3:5).
11. Acusador de nuestros hermanos, *'porque ha sido lanzado fuera el _____ de nuestros hermanos'* (Apoc. 12:10).
12. Enemigo, *'el _____ que la sembró es el diablo'* (Mat. 13:39).
13. León rugiente, *'porque vuestro adversario el diablo, como _____ rugiente, anda alrededor...'* (1 Ped. 5:8).
14. Ángel de luz, *'porque el mismo Satanás se disfraza como _____ de luz'* (2 Cor. 11:14).
15. Ángel del abismo, *'y tienen por rey sobre ellos al _____ del abismo, cuyo nombre en hebreo es Abadón, y en griego, Apolión'* (Apoc. 9:11).

Notas

Su Carácter

1. Él es _____, *'porque ha sido lanzado fuera el acusador de nuestros hermanos, el que los acusaba delante de nuestro Dios día y noche'* (Apoc. 12:10).
2. Él es _____, *'cuando habla mentira, de suyo habla; porque es mentiroso, y padre de mentira'* (Jn. 8:44).
3. Él es _____, *'Porque vuestro adversario el diablo, como león rugiente...'* (1 Ped. 5:8).
4. Él es _____, *'cuando alguno oye la palabra del reino y no la entiende, viene el malo...'* (Mat. 13:19).
5. Él es _____, *'y vino el tentador, y le dijo...'* (Mat. 4:3).
6. Él es _____, *'porque el mismo Satanás se disfraza como ángel de luz'* (2 Cor. 11:14).
7. Él es _____, *'para que podáis estar firmes contra las asechanzas del diablo'* (Efe. 6:11).

Porque el carácter de Satanás es malvado él ha obrado y sigue obrando de la siguiente manera:

1. _____ a Eva, *'pero temo que como la serpiente con su astucia engañó a Eva...'* (2 Cor. 11:3).
2. Provocó el _____ de Caín, *'No como Caín, que era del maligno y mató a su hermano'* (1 Jn. 3:12).
3. Quiso _____ a Job, (cp. Job 1-2).
4. Puso en el corazón de Judas que _____ a Jesús, *'y cuando cenaban, como el diablo ya había puesto en el corazón de Judas..., que le entregase'* (Jn. 13:2).
5. Mal _____ a Pedro, *'...dijo a Pedro: ¡Quítate de delante de mí, Satanás!; me eres tropiezo...'* (Mat. 16:23).
6. _____ a Ananías y a Safira, *'...¿por qué llenó Satanás tu corazón para que mintieses al Espíritu Santo...?'* (Hech. 5:3).

> **Panorama Doctrinal**
>
> **Notas**

> **Panorama Doctrinal**
>
> **Notas**

7. _____ a Pablo, *'por lo cual quisimos ir a vosotros... pero Satanás nos estorbó'* (1 Tes. 2:18).
8. _____ la palabra sembrada, *'...viene el malo, y arrebata lo que fue sembrado en su corazón'* (Mat. 13:19).
9. Añádale a esto todo el _____ que el diablo ha hecho en las demás narraciones bíblicas, y todo el _____ que ha hecho y sigue haciendo en la raza humana...

Satanás no para de mostrar su carácter malvado al usar sus tentaciones, y su estrategia es la misma:

Personaje	Pasaje	Área de tentación
Eva	Gén. 3:6	-Bueno para comer. -Agradable a los ojos. -Codiciable para alcanzar sabiduría.
Jesús	Luc. 4:2-3, 5, 9	-Tuvo hambre. -Le mostró los reinos del mundo. -Échate abajo, y Dios te guardará.
____ y ____	1 Jn. 2:16	-Deseos de la carne. -Deseos de los ojos. -Vanidad de la vida.

Un análisis del cuadro anterior mostrará que Satanás siempre busca _____ en las áreas física, emocional o sentimental, y espiritual; para que cuando se _____ a su tentación, entonces nos _____ de Dios.

El carácter de Satanás determina que él siempre se opone:
1. A _____, *'Entonces la serpiente dijo a la mujer: No moriréis... y seréis como Dios, sabiendo el bien y el mal'* (Gén. 3:4-5).
2. A _____, *'Y vino a él el tentador, y le dijo: Si eres Hijo de Dios di que estas piedras se conviertan en pan'* (Mat. 4:3).
3. A los _____ de Dios, *'Vestíos de toda la armadura de Dios, para que podáis estar firmes contra las asechanzas del diablo'* (Efe. 6:11).

Cómo Vence el Creyente a Satanás

Sabemos que Satanás y su equipo están maquinando toda una estrategia malvada, y es por eso que la Biblia nos da las herramientas para vencerlo.

1. Sometiéndose a Dios, '_____, pues, a Dios' (Sant. 4:7a).
2. Resistiéndolo, '_____ al diablo, y huirá de vosotros' (Sant. 4:7b).
3. Confiando en la obra de Cristo, '...para destruir por medio de la _____ al que tenía el imperio de la muerte, esto es, al diablo' (Heb. 2:14).
4. Reprendiéndolo en el nombre del Señor, 'pero cuando el arcángel Miguel contendía con el diablo... no se atrevió a proferir juicio de maldición contra él, sino que dijo: El Señor te _____' (Jud. 9).
5. Usando la Palabra de Dios, '_____ está' (Mat. 4:4, 7, 10).
6. Orando, 'velad y _____, para que no entréis en tentación' (Mat. 26:41).
7. Vistiéndose de la armadura espiritual, 'vestíos de toda la _____ de Dios, para que podáis estar firmes contra las asechanzas del diablo' (Efe. 6:11).
8. Manteniéndose firmes en la fe, 'sed sobrios, y velad; porque vuestro adversario el diablo... al cual resistid _____ en la fe' (1 Ped. 5:8-9).

Por muy poderoso que el diablo sea, no es más poderoso que nuestro Señor Jesucristo, y porque somos del Señor, somos más que vencedores.

Destino Final de Satanás

La Biblia establece que Satanás se sublevó contra Dios (Isa. 14:13), fue juzgado en la cruz (Col. 2:14), y que Jesús deshizo sus obras (1 Jn. 3:8); por lo tanto, él:

Panorama Doctrinal

Notas

1. Fue arrojado desde el _____, *'mas tú derribado eres hasta el Seol, a los lados del abismo'* (Isa. 14:15; cp. Luc. 10:18).
2. Será atado en el _____, *'y prendió al dragón... y lo ató por mil años; y lo arrojó al abismo...'* (Apoc. 20:2-3).
3. Será condenado en el _____ de fuego eternamente, *'y el diablo que los engañaba fue lanzado en el lago de fuego y azufre... y serán atormentados día y noche por los siglos de los siglos'* (Apoc. 20:10).

En la _____, Satanás está trabajando para destruir la obra de Dios (1 Ped. 5:8); en el tiempo de la gran _____, ejecutará extremadamente su maldad (Dan. 9:27b); y después del _____, intentará destruir al pueblo de Dios (Apoc. 20:7-9); pero allí será vencido completa y eternamente por Dios.

EL HOMBRE

El hombre es la _____ de la creación, de hecho todo lo demás creado fue hecho para _____ del hombre (cp. Gén. 2:28-30).

Verdades Acerca de la Creación[59]

1. Dios creó todo de la _____. *'Por la fe entendemos haber sido constituido el universo por la palabra de Dios, de modo que lo que se ve fue hecho de lo que no se veía'* (Heb. 11:3). *'Y dijo Dios: Sea la luz; y fue la luz'* (Gén. 1:3). ¿Cuáles materiales usó Dios para crear? Nada, sólo su _____.

2. La Creación fue hecha en un _____ apropiado. *'Y dijo Dios: Sea la luz... Y llamó Dios a la expansión Cielos... Júntense las aguas que están debajo de los cielos en un lugar, y descúbrase lo seco... Produzca la tierra hierba verde, hierba que dé semilla; árbol de fruto según su género... Haya lumbreras en la expansión de los cielos... Produzcan las aguas seres vivientes, y aves que vuelen sobre la tierra... Produzca la tierra seres vivientes... Hagamos al hombre a nuestra imagen'* (Gén. 1:3-26).

Panorama Doctrinal

Notas

Dios diseñó el orden de la creación; además, estableció las _____ a toda su creación. Piense en el ciclo del sol, en la reproducción de los animales, etc. La ciencia sólo va a descubrir lo que Dios ya _____.

3. Todo lo que Dios creó fue _____. *'Y vio Dios que la luz era buena. ...Y vio Dios que era bueno. ...Y he aquí que era bueno en gran manera'* (Gén. 1:4, 10, 12, 18, 21, 25, 31). *'Todo lo hizo hermoso en su tiempo'* (Ecle. 3:11a).

Toda la creación de Dios es _____; podemos disfrutarla aún antes de llegar al _____.

Panorama Doctrinal

4. Dios _____ su trabajo. *'Fueron, pues, acabados los cielos y la tierra, y todo el ejército de ellos'* (Gén. 2:1). *'Y de una sangre ha hecho todo el linaje de los hombres, para que habiten sobre toda la faz de la tierra...'* (Hech. 17:26).

La creación no quedó inconclusa, el universo no es tarea en progreso, fue _____, aunque la creación ha sido dañada por el pecado.

5. Dios _____ en el séptimo día. *'Y acabó Dios en el día séptimo la obra que hizo; y reposó el día séptimo de toda la obra que hizo. Y bendijo Dios al día séptimo, y lo santificó, porque en él reposó de toda la obra que había hecho en la creación'* (Gén. 2:2-3).

Dios no descansó porque se cansó, sino para enseñarnos que en esta vida no todo es _____; por tanto, debemos dedicar _____ para adorarlo.

6. Dios mismo _____ todo lo que hizo. *'Y él es antes de todas las cosas, y todas las cosas en él subsisten'* (Col. 1:17). *'El cual, siendo el resplandor de su gloria, y la imagen misma de su sustancia, y quien sustenta todas las cosas con la palabra de su poder...'* (Heb. 1:3).

Dios en su _____ continúa activo sosteniendo Su creación.

7. El hombre es lo _____ en la creación. *'Le has hecho poco menor que los ángeles, y lo coronaste de gloria y de honra. Le hiciste señorear sobre las obras de tus manos; todo lo pusiste debajo de sus pies'* (Sal. 8:5-6). *'Entonces Jehová Dios formó al hombre del polvo de la tierra,*

Notas

y sopló en su nariz aliento de vida, y fue el hombre un ser viviente' (Gén. 2:7).

El hombre es la expresión _____ de la creación, él es el objeto _____ de Dios, Su imagen y semejanza en él es muestra de su _____ en toda la creación.

Su Creación

La creación del hombre es un evento que viene de la mano de Dios. Note la especialidad con que Dios hizo al hombre:

1. Dios _____ al hombre: *'Entonces Jehová Dios _____ al hombre del polvo de la tierra'* (Gén. 2:7a). Dios diseñó al hombre, dándole la _____ que él quiso, utilizando el polvo de la tierra (no de animales), por eso el _____ físico tiene los elementos que contiene la _____.

2. Dios _____ en el hombre: *'y _____ en su nariz aliento de vida'* (Gén. 2:7b). Con este soplo se _____ la vida en el hombre. Dios le dio de su misma vida (diferente de los _____, por eso ellos ____ tienen vida eterna; la vida de los animales _____ con la muerte física).

3. El hombre tuvo _____: *'y fue el hombre un ser _____'* (Gén. 2:7c). Adán tuvo vida _____ que Dios le dio su aliento; y como Dios es eterno, el hombre también sería _____ (por eso para el hombre la vida ____ termina con la muerte _____).

4. Dios hizo al hombre a su _____ y _____: *'Entonces dijo Dios: Hagamos al hombre a nuestra _____, conforme a nuestra _____... Y creó Dios al hombre a su imagen, a

Panorama Doctrinal

Notas

Panorama Doctrinal

imagen de Dios lo creó; varón y hembra los creó' (Gén. 1:26-27). Los términos 'imagen' y 'semejanza' no se refieren a lo _____, sino a lo _____; el hombre es esencialmente un ser espiritual que habita en un cuerpo físico.[60] Los términos 'varón' y 'hembra' se refieren a _____ no a _____.[61] Como Dios creó la raza humana a su 'imagen' y 'semejanza'; ambos, el _____ y la _____ tienen igual valor. Cada _____ tiene igual valor ante Dios, pues _____ descendemos de su creación; *'Y de _____ sangre ha hecho _____ el linaje de los hombres, para que habiten sobre toda la faz de la tierra...'* (Hech. 17:26).

5. Dios hizo a Eva _____ Adán: *'Y de la _____ que Jehová Dios tomó del _____, hizo una _____...'* (Gén. 2:22). Eva es entonces _____ a Adán, con la diferencia que es mujer y que el hombre es su cabeza (cp. 1 Cor. 11:3).

Adán y Eva fueron la expresión máxima de la creación, Dios los _____ con _____. El salmista dijo: *'...y lo _____ de gloria y de honra. Le hiciste _____ sobre las obras de tus manos; todo lo pusiste debajo de sus pies'* (Sal. 8:5-6).

Notas

Su Naturaleza

La Escritura estable que el hombre está compuesto al menos de ____ partes, veámoslo gráficamente:

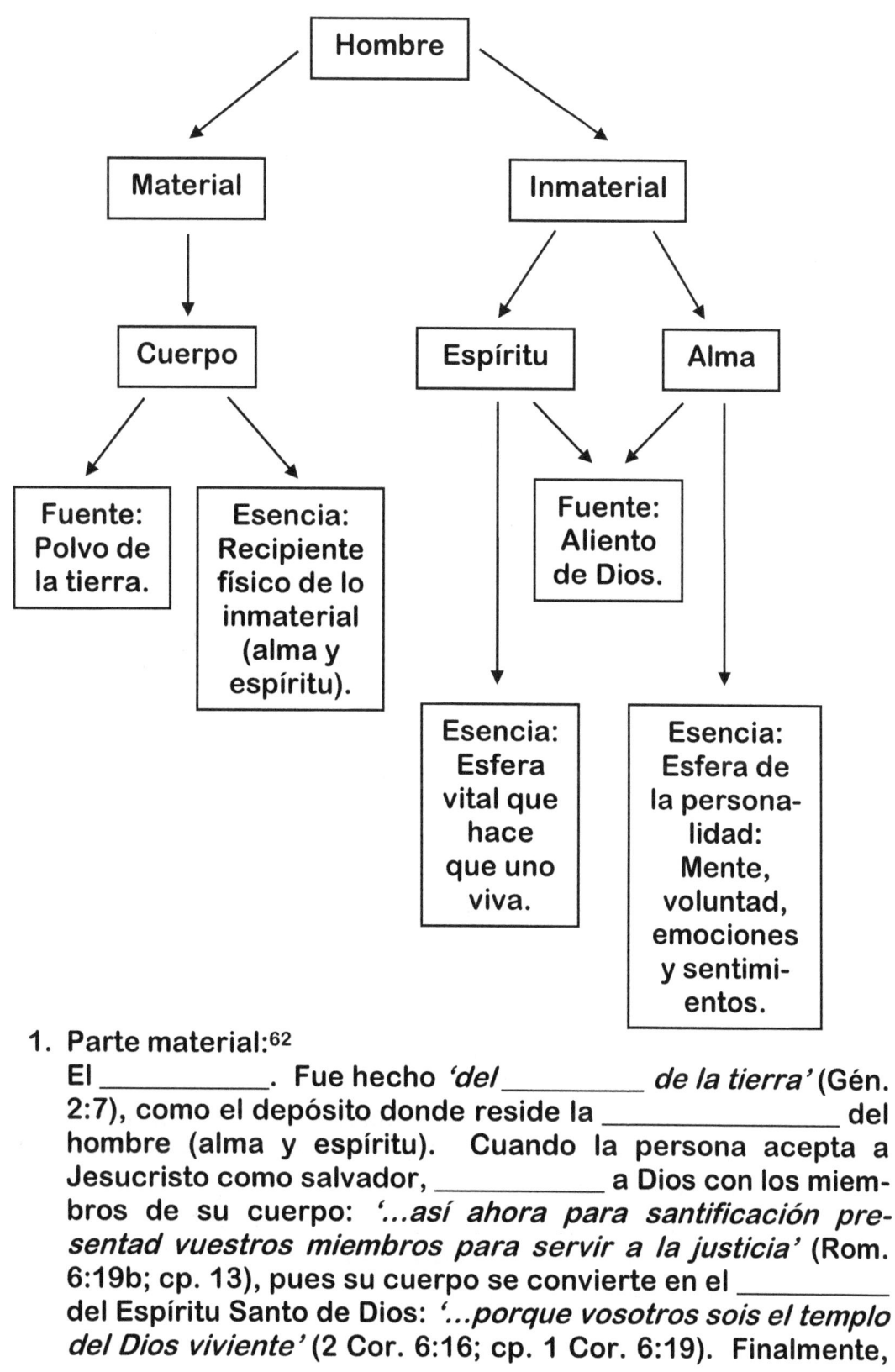

1. Parte material:[62]

   El _____. Fue hecho *'del _____ de la tierra'* (Gén. 2:7), como el depósito donde reside la _____ del hombre (alma y espíritu). Cuando la persona acepta a Jesucristo como salvador, _____ a Dios con los miembros de su cuerpo: *'...así ahora para santificación presentad vuestros miembros para servir a la justicia'* (Rom. 6:19b; cp. 13), pues su cuerpo se convierte en el _____ del Espíritu Santo de Dios: *'...porque vosotros sois el templo del Dios viviente'* (2 Cor. 6:16; cp. 1 Cor. 6:19). Finalmente, por la obra de la salvación, el cuerpo de los creyentes será _____ cuando se consuma la redención: *'el cual transformará el cuerpo de la humillación nuestra, para que sea semejante al cuerpo de la gloria suya...'* (Fil. 3:21).

2. Parte inmaterial:
   a. El _____. El espíritu es el elemento espiritual que hay en el hombre como principio de _____; por eso la muerte física produce la separación entre el espíritu y el cuerpo,[63] Santiago dice: *'Porque como el cuerpo sin espíritu está muerto...'* (Sant. 2:26; cp. Jn. 19:30; Luc. 8:54-55). No debemos confundir este _____ con el _____ Santo. El Espíritu Santo viene al ser humano cuando éste se convierte en hijo de Dios, y este _____ al cuerpo y al espíritu; nadie pudo decirlo más claro que Pablo: *'Mas vosotros no vivís según la carne, sino según el Espíritu, si es que el Espíritu de Dios mora en vosotros. Y si alguno no tiene el Espíritu de Cristo, no es de él. Pero si Cristo está en vosotros, el cuerpo en verdad está muerto a causa del pecado, mas el espíritu vive a causa de la justicia'* (Rom. 8:9-10; cp. Heb. 12:23).
   b. El _____. El término 'alma' bíblicamente puede tener varios significados:
      - '_____' o la totalidad del ser, *'En Jehová se gloriará mi alma...'* (Sal. 34:2; cp. 1 Sam. 1:15; Mat. 11:29; 16:26).
      - El aspecto _____ del hombre, *'no temáis a los que matan el cuerpo, mas el alma no pueden matar...'* (Mat. 10:28).

Panorama Doctrinal

Notas

- El objeto de la _____ del ser humano, *'obteniendo el fin de vuestra fe, que es la salvación de vuestras almas'* (1 Ped. 1:9; cp. Sal. 62:1; 1 Ped. 2:25).
- También: corazón (Rom. 2:29), mente (Efe. 4:23), voluntad (Isa. 66:3-4), conciencia (Rom. 2:15).

'Alma' es entonces un término intercambiable con 'espíritu' por ser los componentes de la parte _____ del hombre, aunque el 'alma' siempre se enfocará más en la persona o el ser total, como el asiento de las emociones y la voluntad.[64] Así que, podemos concluir que el ser humano tiene _____, pero es _____.

Todo lo anterior no desintegra al hombre, al contrario lo trata como un ser _____, Pablo lo expresó así: *'y el mismo Dios de paz os santifique por completo; y todo vuestro ser, espíritu, alma y cuerpo, sea guardado irreprensible para la venida de nuestro Señor Jesucristo'* (1 Tes. 5:23). Note cómo este versículo valoriza igualmente la _____ del ser humano hacia lo espiritual.

Su Caída

Aunque el hombre fue creado a imagen de Dios, no tenía una santidad _____; por eso Dios le dio la capacidad de _____ entre hacer el bien o hacer el mal, y lo hizo estableciendo la prohibición:[65] *'...de todo árbol del huerto podrás comer; mas del árbol de la ciencia del bien y del mal ____ comerás; porque el día que de él comieres, ciertamente _____'* (Gén. 2:16-17). La decisión del hombre determinaría la confirmación de ser santo o pecador.

A. El _____ de la caída se da así:
  1. La acción de _____ (para el tiempo del mandamiento dado por Dios de no comer del árbol prohibido, ya Satanás había pecado).

Panorama Doctrinal

Notas

> **Panorama Doctrinal**
>
> **Notas**

    a. Despierta la _____ en Eva: *'...¿conque Dios os ha dicho: No comáis de todo árbol del huerto?'* (Gén. 3:1).
    b. _____ a Dios: *'Entonces la serpiente dijo a la mujer: no moriréis'* (Gén. 3:4 cp. 2:17).
    c. Sugiere que hay _____ en Dios: *'sino que sabe Dios que el día que comáis de él, serán abiertos vuestros ojos, y seréis como Dios, sabiendo el bien y el mal'* (Gén. 3:5).
  2. La acción de _____.
    a. Cedió a la tentación siendo _____: *'Y vio la mujer que el árbol era bueno para comer, y que era agradable a los ojos, árbol codicioso para alcanzar sabiduría; y tomó de su fruto, y comió...'* (Gén. 3:6a; cp. 1 Tim. 2:14).
    b. Con su decisión, _____ a Satanás y _____ a Dios.
  3. La acción de _____.
    a. _____ a la tentación: *'...y dio también a su marido, el cual comió así como ella'* (Gén. 3:6b).
    b. Con su decisión, _____ a Satanás y desobedeció a Dios.

B. Las _____ de la caída:
  1. _____ a los culpables:
    a. Satanás: sería _____ por Jesucristo en su muerte y su resurrección (Gén. 3:15).
    b. Eva: tendría _____ en su preñez y su parto; y Adán se _____ de ella (Gén. 3:16).
    c. Adán: _____ para obtener su sustento, pues la tierra fue maldecida (Gén. 3:17-19).
  2. _____ (falta de comunión) entre el hombre y Dios, esto es la muerte _____.

a. Adán y Eva se _____ de Dios: *'...y el hombre y su mujer se escondieron de la presencia de Jehová...'* (Gén. 3:8).
b. Adán y Eva fueron _____ del huerto: *'Y los sacó Jehová del huerto del Edén... Echó, pues, fuera al hombre...'* (Gén. 3:23-24).
c. El pecado de Adán y Eva _____ a la raza humana completa: *'Por tanto, como el pecado entró en el mundo por un hombre, y por el pecado la muerte, así la muerte pasó a todos los hombres, por cuanto todos pecaron'* (Rom. 5:12).

El pecado de Adán y Eva alcanzó a todo hombre, y hoy está _____ de la _____ con Dios (a menos que se arrepienta siendo reconciliado por Cristo), pues el hombre está _____ en pecado (Efe. 2:1-2).

Aunque el pecado (en la esfera angelical) se originó con Satanás, con Adán y Eva se originó (en la esfera humana); ese maldito pecado _____ la bendita _____ de Dios, que solo puede ser _____ por la perfecta obra _____ en Cristo.

Su Destino Final

Las Escrituras usan diferentes palabras para referirse al destino final del hombre:

1. _____

'Seol' es el término _____ que designa el lugar de los _____, buenos y malos. 'Seol' es sinónimo de '_____', *'soy contado entre los que descienden al sepulcro'* (Sal. 88:4a), de '_____', *'y el Abadón no tiene cobertura'* (Job 26:6b), y de 'lugar de _____', *'ni permitirás que tu santo vea corrupción'* (Sal. 16:10b).[66]

Panorama Doctrinal

Notas

Características del Seol:
a. Está ligado a la _____. *'Porque en la muerte no hay memoria de ti; en el Seol, ¿quién te alabará?'* (Sal. 6:5, cp Prov. 5:5).
b. Es un sinónimo de _____. *'De la mano del Seol los redimiré, los libraré de la muerte. Oh muerte, yo seré tu muerte; y seré tu destrucción, oh Seol...'* (Ose. 13:14).
c. Es un lugar de _____. *'Porque no dejarás mi alma en el Seol, ni permitirás que tu santo vea corrupción'* (Sal. 16:10; cp. Hech. 2:27).
d. Es un lugar _____. *'El Seol y el Abadón nunca se sacian'* (Prov. 27:20a; cp. 30:15-16).

Panorama Doctrinal

2. _____

'Hades' es el término _____ que corresponde al término '_____'.67 'Seol' se usa en el Antiguo Testamento, mientras que 'Hades' se usa en el Nuevo Testamento. La _____ (traducción del Antiguo Testamento del Hebreo al Griego) usa 'Hades' en lugar de 'Seol'.68

'Seol' como término usado en el Antiguo Testamento, hacía referencia al lugar de los muertos tanto _____ como _____; sin embargo, con el tiempo 'Seol' se refirió más al lugar de los muertos malos o _____.69 'Hades', con el tiempo, se refirió al lugar de oscuridad y de sufrimiento reservado para los _____.70

Características del Hades:
a. Es el lugar de los muertos _____, y que están en tormentos. *'Y en el Hades alzó sus ojos, estando en tormentos'* (Luc. 16:23a).
b. Está ligada a la _____. *'...y el que lo montaba tenía por nombre Muerte, y el Hades le seguía'* (Apoc. 6:8b).

Notas

c. Jesús tiene _____ sobre él. *'Y tengo las llaves de la muerte y del Hades'* (Apoc. 1:18b).
d. Es definido como un lugar _____, previo al juicio de los perdidos. *'...y la muerte y el Hades entregaron los muertos que había en ellos; y fueron juzgados cada uno según sus obras'* (Apoc. 20:13).
e. Al final de los tiempos será _____. *'Y la muerte y el Hades fueron lanzados al lago de fuego'* (Apoc. 20:14a).

3. _____ 71

'Hinom' es un término _____ con que se nombra al valle profundo al Sur de Jerusalén. Observemos algunos eventos que se dieron en el valle de Hinom:
  a. Acaz hizo un _____ e hizo pasar a sus hijos por fuego. *'Quemó también incienso en el valle de los hijos de Hinom, e hizo pasar a sus hijos por fuego...'* (2 Crón. 28:3a).
  b. Manasés _____ a sus hijos a los dioses paganos. *'Y pasó sus hijos por fuego en el valle de los hijos de Hinom'* (2 Crón. 33:6a).
  c. Josías puso _____ a todas las abominaciones, y profanó el lugar con huesos humanos y otras contaminaciones, convirtiéndolo en el lugar donde echaban las inmundicias de la ciudad. *'Asimismo profanó a Tofet, que está en el valle del hijo de Hinom...'* (2 Rey. 23:10-13).
  d. Este lugar simbolizó el _____ y el _____ por los pecados cometidos allí, y su _____ permanente que destruía la basura tipificó la _____ divina. *'Porque Tofet ya de tiempo está dispuesto y preparado para el rey, profundo y ancho, cuya pira es de fuego, y mucha*

Panorama Doctrinal

Notas

leña; el soplo de Jehová, como torrente de azufre, lo enciende' (Isa. 30:33).

4. _____ ⁷²

'Gehenna' es el término _____ que corresponde al término Hebreo '_____'. Se traduce como _____, y designa el lugar de _____ donde serán arrojados los reprobados y los espíritus malignos.

Panorama Doctrinal

Notas

Características de 'Gehenna':

a. Jesús usó este término para referirse a un lugar de _____ por _____. *'y cualquiera que le diga: Fatuo, quedará expuesto al infierno de fuego'* (Mat. 5:22; cp. 18:9; 23:33).

b. Este término es sinónimo de:
  - Horno de _____. *'Y los echarán en el horno de fuego; allí será el lloro y el crujir de dientes'* (Mat. 13:42).
  - Lago de _____. *'...Estos dos fueron lanzados vivos dentro de un lago de fuego que arde con azufre'* (Apoc. 19:20b; cp. 20:10, 14-15).
  - _____. *'La bestia que has visto, era, y no es; y está para subir del abismo e ir a perdición; y los moradores de la tierra, aquellos cuyos hombres no están escritos desde la fundación del mundo en el libro de la vida, se asombrarán viendo la bestia que era y no es, y será'* (Apoc. 17:8).

c. Es un lugar de tormento _____. *'Y el diablo que los engañaba fue lanzado en el lago de fuego y azufre, donde estaban la bestia y el falso profeta; y serán ator-*

mentados día y noche por los siglos de los siglos' (Apoc. 20:10).
  d. Es el lugar _____ para 'la bestia y el falso profeta' (Apoc. 19:20), 'el diablo y sus ángeles' (Mat. 25:41; cp. Apoc. 20:10), 'la muerte y el Hades' (Apoc. 20:14), y 'todo el que no se halló inscrito en el libro de la vida' (los no creyentes) (Apoc. 20:15; cp. Mat. 25:41, 46).

Note que infierno ____ implica _____, pero ____ implica _____ de tormento.

5. _____ [73]

'Paraíso' es un término que viene del idioma _____, que denota a un _____ cerrado o un lugar de _____. El uso que se le da en el Nuevo Testamento hace referencia a un lugar _____.

Características de 'Paraíso':
  a. Es un término paralelo con 'tercer _____'. '...fue arrebatado hasta el tercer cielo... que fue arrebatado al paraíso...' (2 Cor. 12:2-4). 'Al que venciere, le daré a comer del árbol de la vida, el cual está en medio del paraíso de Dios' (Apoc. 2:7b).
  b. Implica que es un lugar de _____ con Jesús para los muertos creyentes. 'Entonces Jesús le dijo: De cierto de cierto te digo que hoy estarás conmigo en el paraíso' (Luc. 23:43).
  c. Es un sinónimo de '_____ de Abraham', que es la parte opuesta al Hades. 'Aconteció que murió el mendigo, y fue llevado por los ángeles al seno de Abraham...' (Luc. 16:22).

6. _____ [74]

El término 'cielo', que puede aparecer en singular o en plural (hay un tercer cielo, lo que implica que hay dos más), hace referencia al lugar donde está _____, sus _____, y los que _____ con él por la eternidad.

Panorama Doctrinal

Notas

Características del 'cielo':
a. El cielo es el _____, lugar o habitación de Dios. *'...ni por el cielo, porque es el trono de Dios'* (Mat. 5:34; cp. Luc. 11:2; Hech. 1:11; 1 Tes. 4:16).
b. Es el lugar _____, designado para los creyentes. *'Para una herencia incorruptible, incontaminada e inmarcesible, reservada en los cielos para vosotros'* (1 Ped. 1:4).
c. Es el lugar donde _____ los creyentes con Dios por la _____. *'Mas nuestra ciudadanía está en los cielos, de donde también esperamos al Salvador...'* (Fil. 3:21). *'...Voy pues a preparar lugar para vosotros. Y si me fuere y os preparare lugar, vendré otra vez, y os tomaré a mí mismo, para que donde yo estoy, vosotros también estéis'* (Jn. 14:2-3).
Apocalipsis afirma que la ciudad santa, la nueva Jerusalén, después que Dios haga un _____ nuevo y una tierra nueva, descenderá del _____ de Dios; y Dios mismo _____ con los suyos por la eternidad (cp. Apoc. 21:1-3).

Sumario:

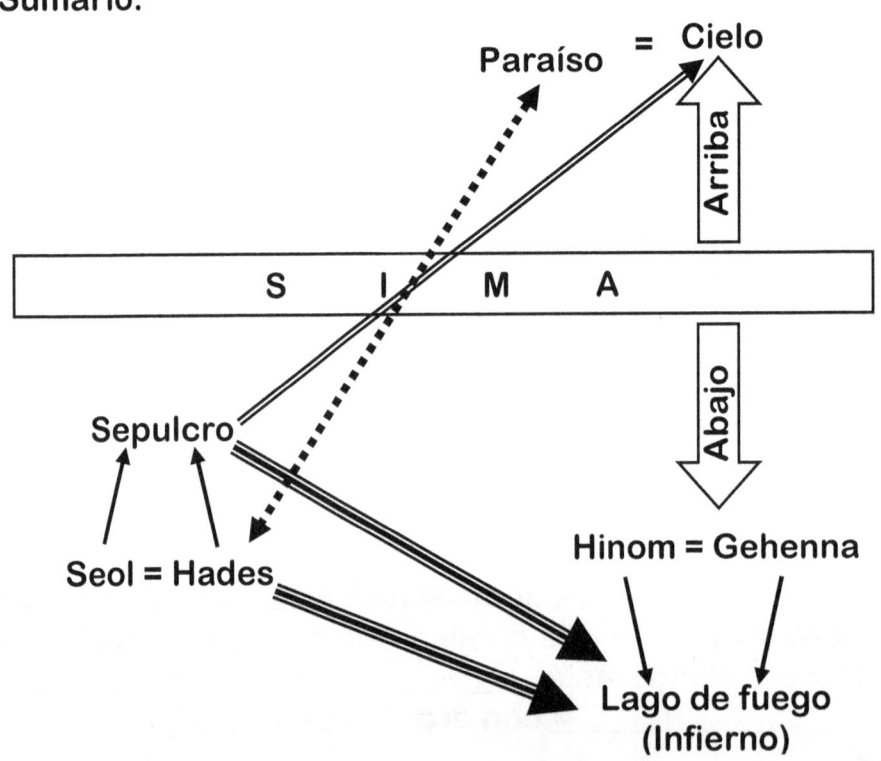

En resumen:

Las Escrituras establecen que el ser humano irá eternamente a _____ de _____ lugares:

1. Los _____ estaremos en el _____ donde mora _____. *'Aconteció que murió el mendigo, y fue llevado por los ángeles al seno de Abraham'* (Luc. 16:22a). *'Mas nuestra ciudadanía está en los cielos…'* (Fil. 3:20). *'Y los justos* (irán) *a la vida eterna'* (Mat. 25:46b).
2. Los _____ estarán en el lago de fuego (_____) donde morará _____. *'Y murió también el rico, y fue sepultado. Y en el Hades alzó sus ojos, estando en tormentos…'* (Luc. 16:22b-23). *'Y el que no se halló inscrito en el libro de la vida fue lanzado al lago de fuego'* (Apoc. 20:15). *'E irán estos al castigo eterno'* (Mat. 25:46a).

Gráficamente:[75]

```
                                              Cielo
                                                ↑
                                    Resurrección para vida
                                                ↑
                                         Paraíso (gozo)
                                                ↑
                          Muerte
                            ↑
     No creyentes  ←————————————————→  Creyentes
                      Existencia terrenal
           ↓
    Hades (sufrimiento)
           ↓
   Resurrección para muerte
           ↓
       Lago de fuego
```

EL PECADO

Su Definición

Pecado es:[76]
1. Cualquier _____ contraria al carácter de Dios.
2. La _____ del hombre que por naturaleza se opone a Dios y a su buena voluntad.
3. La _____ de la santidad de Dios.

En la Biblia encontramos diferentes ideas o 'implicaciones' para referirse a '_____':[77]

1. Errar o _____ el blanco: *'...porque él salvará a su pueblo de sus pecados'* (Mat. 1:21).
2. Romper o _____ una ley: *'Por cuanto todos pecaron...'* (Rom. 3:23).
3. _____ a Dios: *'Como tú no obedeciste a la ley de Jehová...'* (1 Sam. 28:18).
4. _____ contra Dios: *'...el hablar calumnia y rebelión...'* (Isa. 59:13).
5. _____ la ley de Dios: *'Todo aquel que comete pecado, infringe también la ley...'* (1 Jn. 3:4).
6. Impiedad e _____: *'Porque la ira de Dios se revela desde el cielo contra toda impiedad e injusticia de los hombres...'* (Rom. 1:18).
7. _____ del camino: *'Todos nosotros nos descarriamos como ovejas, cada cual se apartó por su camino...'* (Isa. 53:6).
8. Hacer _____: *'Lávame más y más de mi maldad...'* (Sal. 51:2).
9. Vivir de acuerdo a sus reglas _____: *'...cada uno hacía lo que bien le parecía'* (Jue. 21:25).
10. _____: *'De pecado, por cuanto no creen en mí'* (Jn. 16:9).

Panorama Doctrinal

Notas

11. _____ de hacer lo _____: *'y al que sabe hacer lo bueno, y no lo hace, le es pecado'* (Sant. 4:17).

Su Origen

El pecado tuvo su origen en _____ (esto es en la esfera _____). Por implicación Ezequiel 28 e Isaías 14 hacen referencia a Satanás. El era un _____ (cp. Ezeq. 28:14, 16), llamado _____ o hijo de la mañana (cp. Isa. 14:12); y aunque era perfecto, decidió _____: *'Perfecto eras en todos tus caminos desde el día que fuiste creado, hasta que se halló en ti maldad. A causa de la multitud de tus contrataciones fuiste lleno de iniquidad, y pecaste...'* (Ezeq. 28:15-16a). *'Tú que decías en tu corazón: Subiré al cielo; en lo alto, junto a las estrellas de Dios, levantaré mi trono, y en el monte del testimonio me sentaré... sobre las alturas de las nubes subiré, y seré semejante al Altísimo'* (Isa. 14:13-14).

Panorama Doctrinal

Notas

El pecado tuvo su origen en _____ y _____ (esto es en la esfera _____). Ellos decidieron _____: *'Y vio la mujer que el árbol era bueno para comer, y que era agradable a los ojos, y árbol codiciable para alcanzar la sabiduría; y tomó de su fruto, y _____; y dio también a su marido, el cual _____ así como ella'* (Gén. 3:6). Y a partir de allí el pecado fue universal, *'por tanto, como el pecado entró en el mundo por un hombre, y por el pecado la muerte, así la muerte pasó a todos los hombres, por cuanto todos pecaron'* (Rom. 5:12; cp. 1 Rey. 8:46; Isa. 53:6; Rom. 3:23).

Satanás y Adán, ambos fueron _____ por Dios, ambos _____ pecar contra Dios, y ambos _____ tras sí a otros que pecaron: Satanás arrastró a los ángeles que se convirtieron en _____; y Adán arrastró a toda la raza _____. Sin embargo, notamos que es Satanás quien tienta y motiva a Eva a desobedecer.

Su Efecto

Desde que Adán y Eva pecaron se efectuó la condenación en el hombre, convirtiéndose en _____ por:[78]

1. _____: La imagen de Dios en el hombre fue dañada, y por naturaleza se volvió _____, afectando así a toda persona. *'...por la desobediencia de un hombre los muchos fueron constituidos pecadores'* (Rom. 5:19a); por eso *'no hay quien haga lo bueno, no hay ni siquiera uno'* (Rom. 3:12b).

2. _____: El pecado de Adán fue imputado (_____) a todo hombre, quedando judicialmente _____ ante Dios. *'Por tanto, como el pecado entró en el mundo por un hombre, y por el pecado la muerte, así la muerte pasó a todos los hombre, por cuanto todos pecaron'* (Rom. 5:12).

3. _____: Cuando uno miente, adultera, odia... solo está confirmando su naturaleza _____. *'No hay quien haga lo bueno, no hay ni siquiera uno'* (Rom. 3:12b); *'por cuanto todos pecaron'* (Rom. 3:23a). La lista de estos pecados es bien amplia en la Biblia (Mar. 7:21-22; Rom. 1:29-31; Gál. 5:19-21; 2 Tim. 3:2-4; etc.).

Panorama Doctrinal

Notas

Sus Consecuencias

Las consecuencias del pecado fueron catastróficas:

1. _____: Esto es que el hombre se volvió perverso, corrupto, inmoral, prevaricador, etc. *'Todos nosotros nos _____ como ovejas...'* (Isa. 53:6); *'Si bien todos nosotros somos como suciedad, y todas nuestras justicias como trapo de _____...'* (Isa. 64:6). *'No hay quien haga lo bueno, no hay ni siquiera uno'* (Rom. 3:12b).

Panorama Doctrinal

Notas

2. _____: El hombre fue _____, y por lo tanto, sentenciado al _____ eterno sin Dios. *'Por cuanto todos pecaron, y están _____ de la gloria de Dios'* (Rom. 3:23). *'...por la transgresión de uno vino la _____ a todos los hombres...'* (Rom. 5:18a).

3. _____: Esto es '_____'; el pecado produjo muerte en tres aspectos.

   a. Muerte _____: Separación entre Dios y el hombre. *'Pero vuestras iniquidades han hecho división entre vosotros y vuestro Dios'* (Isa. 59:2).

   b. Muerte _____: Separación de lo inmaterial de lo material en el hombre. *'Por tanto, como el pecado entró en el mundo por un hombre, y por el pecado la muerte, así la muerte pasó a todos los hombres, por cuanto todos pecaron'* (Rom. 5:12; cp. 14).

   c. Muerte _____: Separación eterna (en el lago de fuego) del hombre de Dios. *'Y la muerte y el Hades fueron lanzados al lago de fuego. Esta es la muerte segunda. Y el que no se halló inscrito en el libro de la vida fue lanzado al lago de fuego'* (Apoc. 20:14-15).

Su Destrucción

Aunque el pecado ha hecho grandes _____, la obra de Jesucristo (su muerte y su resurrección) marcó la victoria; por eso Él tiene toda autoridad para cambiar la _____ del pecado en _____ eterna a todo al que creyendo en él, lo recibe. Jesucristo venció:

1. Al _____. *'Puesto que Cristo ha padecido por nosotros en la carne... pues quien ha padecido en la carne, terminó con el pecado'* (1 Ped. 4:1).
2. Las fuerzas espirituales _____. *'Y despojando a los principados y a las potestades, los exhibió públicamente, triunfando sobre ellos en la cruz'* (Col. 2:15).
3. La _____. *'Al cual Dios levantó, sueltos los dolores de la muerte, por cuanto era imposible que fuese retenido por ella'* (Hech. 2:24).
4. A _____. *'Ahora es el juicio de este mundo; ahora el príncipe de este mundo será echado fuera'* (Jn. 12:31).

Y porque Jesucristo _____, puede:
1. Restaurar la _____ pecaminosa, y hacernos participantes de la naturaleza divina: *'por medio de las cuales nos ha dado preciosas y grandísimas promesas, para que por ellas llegaseis a ser participantes de la naturaleza divina...'* (2 Ped. 1:4), haciéndonos ciudadanos celestiales: *'Mas nuestra ciudadanía está en los cielos...'* (Fil. 3:20a).
2. Librarnos de la culpa que se nos _____, declarándonos justificados: *'...de la misma manera por la justicia de uno vino a todos los hombres la justificación de vida'* (Rom. 5:18b); y *'...estando ya justificados por su sangre, por él seremos salvos de la ira'* (Rom. 5:9).
3. Librarnos de la _____ del pecado, convirtiéndonos en siervos de la justicia: *'nuestro viejo hombre fue crucificado juntamente con él, para*

Panorama Doctrinal

Notas

que el cuerpo del pecado sea destruido, a fin de que no sirvamos más al pecado' (Rom. 6:6); por eso, *'así ahora para santificación presentad vuestros miembros para servir a la justicia'* (Rom. 6:19b).

Pablo expresó: *'De modo que si alguno está en Cristo, _____ criatura es; las cosas _____ pasaron; he aquí todas son hechas _____'* (2 Cor. 5:17; cp. Gál. 2:20).

Panorama Doctrinal

El Pecado y el Creyente

Cuando la persona _____ en Cristo y lo _____ como su Señor y Salvador, su posición en cuanto al pecado _____. Ahora él es un pecador perdonado, por lo tanto, él:

1. Está _____, no está muerto en pecados: *'Y él os dio vida a vosotros, cuando estabais muertos en vuestros delitos y pecados'* (Efe. 2:1; cp. Jn. 5:24).
2. Está _____, no hay inmundicia en él: *'Al que nos amó, y nos lavó de nuestros pecados con su sangre'* (Apoc. 1:5; cp. Jn. 13:10; 1 Jn. 1:7).
3. Está _____, no es esclavo del pecado: *'Porque cuando erais esclavos del pecado, erais libres acerca de la justicia'* (Rom. 6:20). *'Y libertados del pecado, vinisteis a ser siervos de la justicia'* (Rom. 6:18; cp. 6 y 22).
4. ___ puede _____ el pecado: *'El que practica el pecado es del diablo... Todo aquel que es nacido de Dios, no practica el pecado, porque la simiente de Dios permanece en él; y no puede pecar, porque es nacido de Dios'* (1 Jn. 3:8-9; cp. 5:18). El cristiano tiene _____ contra el pecado (Rom. 7:15-21), hasta que sea transformado; pero él ___ puede '_____' o deleitarse en pecar; y si peca, se volverá a Dios en _____ (1 Jn. 1:9).

Notas

Sumario:

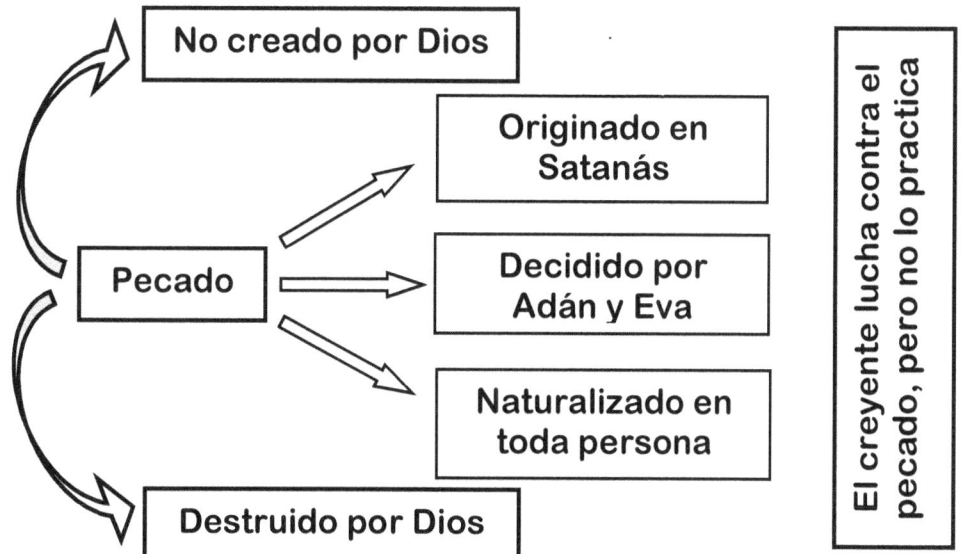

LA SALVACIÓN

Su Definición

La salvación es la obra _____ de Dios por medio de la cual Él _____ al hombre de la _____ eterna del _____ y del _____, y le confiere las riquezas de Su gracia, otorgándole la vida _____ desde que cree y hasta la eternidad en la residencia de Dios.

Con la salvación, Dios responde a la _____ del pecador, y mediante su plan _____ en la persona del Hijo, cumple totalmente la _____ divina para satisfacer la _____ humana.

Su Autor

Dios es el _____ de la salvación: *'Israel será salvo en _____ con salvación eterna'* (Isa. 45:17a); por eso Dios mismo declara: *'Yo, yo _____, y fuera de mí no hay quien salve'* (Isa. 43:11; cp. Ose. 13:4).

A Dios el Hijo correspondió la ejecución de la salvación, pues para que ésta fuera posible en el ser humano, quien la obraría tenía que ser _____ para satisfacer la _____ de Dios, y _____ para entender la _____ espiritual del hombre.[80] Jesucristo es el _____ que cumpliría tales exigencias:

1. Jesucristo es _____, y por eso pudo obrar la salvación. *'El cual, siendo en _____ de Dios, no estimó el ser _____ a Dios como cosa a que aferrarse...; y estando en la condición de hombre, se humilló a sí mismo, haciéndose obediente hasta la muerte, y muerte de cruz'* (Fil. 2:6-8; cp. 1 Ped. 3:18).
2. Jesucristo es Dios hecho _____, y por eso pudo obrar la salvación. *'...Dios envió a su Hijo, nacido de*

Panorama Doctrinal

Notas

_____ *y nacido bajo la ley, para que redimiese a los que estaban bajo la ley, a fin de que recibiésemos la adopción de hijos'* (Gál. 4:4-5; cp. Rom. 8:3).

Jesucristo es el _____ ser que fue divino y humano, fuera de él, nadie podía obrar la salvación, *'porque hay un solo* _____, *y un solo mediador entre Dios y los hombres, Jesucristo* _____ *'* (1 Tim. 2:5; cp. Hech. 4:12; Jn. 14:6).

Panorama Doctrinal

Notas

Su Significado Bíblico

Al hablar del significado bíblico de la salvación, nos referiremos a la totalidad de los _____ que la conforman.

1. Método:
   a. _____: Es la satisfacción de la _____ de Dios, por medio del _____ de Cristo.[81] Solo el sacrificio de Cristo pudo quitar la _____ de Dios contra el pecado. *'...y envió a su Hijo en propiciación por nuestros pecados'* (1 Jn. 4:10). *'Y él es la propiciación por nuestros pecados; y no solamente por los nuestros, sino también por los de todo el mundo'* (1 Jn. 2:2).
   b. _____: Es el _____ que se paga para _____ a alguien de su esclavitud.[82] Cristo pagó para que el hombre fuera libre del _____. *'En quien tenemos redención por su sangre, el perdón de pecados'* (Col. 1:14; Cp. Efe. 1:7). *'El cual se dio a sí mismo en rescate por todos...'* (1 Tim. 2:6).
   c. _____: Es la obra sacrificial de Cristo en la cruz, para _____ el pecado del hombre.[83] La expiación garantiza la _____ del hombre con Dios. *'...y fiel sumo sacerdote en lo que a Dios se refiere, para ex-*

piar los pecados del pueblo' (Heb. 2:17). '... fuimos reconciliados con Dios por la muerte de su Hijo...' (Rom. 5:10).

d. _____: Es el sacrificio que obró Jesucristo en la cruz en _____ del hombre.[84] De esa manera el hombre podía ser _____. 'Mas Dios muestra su amor para con nosotros, en que siendo aún pecadores, Cristo murió por nosotros' (Rom. 5:8). Porque también Cristo padeció una sola vez por los pecados, el justo por los injustos, para llevarnos a Dios, siendo a la verdad muerto en la carne, pero vivificado en espíritu' (1 Ped. 3:18).

e. _____ y _____: Estos dos términos son similares. La elección es el acto soberano de Dios de _____ para salvación.[85] La predestinación es el acto soberano de Dios de _____ de antemano para salvación.[86] (Estos términos 'elección' y 'predestinación' no implican que Dios escogió a algunos para condenación, la Biblia no enseña la elección y la predestinación para salvación en el mismo sentido que la condenación).[87] 'Pero nosotros debemos dar siempre gracias a Dios... de que Dios os haya escogido desde el principio para salvación...' (2 Tes. 2:13). '...habiéndonos predestinado para ser adoptados hijos suyos por medio de Jesucristo...' (Efe. 1:5).

Panorama Doctrinal

Notas

> **Panorama Doctrinal**
>
> **Notas**

2. Medio:

  a. ____: Es _____ en Jesucristo, _____ que él murió y resucitó para declararme libre de culpa.[88] La fe en Cristo me hace _____, y me califica para tener _____ con Dios. *'...y creyeres en tu corazón que Dios le levantó de los muertos, serás salvo. Porque con el corazón se cree para justicia...'* (Rom. 10:9-10). *'Justificados, pues, por la fe, tenemos paz para con Dios por medio de nuestro Señor Jesucristo'* (Rom. 5:1).

  b. _____: Es _____ o repudiar el pecado y _____ a Dios.[89] Sin el arrepentimiento es _____ ser librado de la condenación eterna. *'...Antes si no os arrepentís, todos pereceréis igualmente'* (Luc. 13:3). *'Así que, arrepentíos y convertíos, para que sean borrados vuestros pecados; para que vengan de la presencia del Señor tiempos de refrigerio'* (Hech. 3:19).

  c. _____: Es _____ de nuevo, nacer del Espíritu Santo.[90] Cuando aceptamos a Jesucristo como nuestro Salvador por fe y nos arrepentimos, entonces _____ de nuevo y nos convertimos en _____ de Dios. *'...El que no naciere de nuevo, no puede ver el reino de Dios. ...El que no naciere del agua y del Espíritu, no puede entrar en el reino de Dios'* (Jn. 3:3 y 5). *'Mas a todos los que le recibieron, a los que creen en su nombre, les dio potestad de ser he-*

chos hijos de Dios'* (Jn. 1:12).

3. Resultado:
   a. _____: Es el acto por el cual Dios recibe como _____ suyo al que acepta a su Hijo como Salvador y Señor.[91] Cuando nacemos de _____ (regeneración), nos convertimos en _____ de Dios. *'Mas a todos los que le recibieron, a los que creen en su nombre, les dio potestad de ser hechos hijos de Dios'* (Jn. 1:12). *'...habiéndonos predestinado para ser adoptados hijos suyos por medio de Jesucristo...'* (Efe. 1:5).

   b. _____: Es el acto de Dios _____ los pecados, él _____ al creyente de su culpa.[92] *'En quien tenemos redención por su sangre, el perdón de pecados...'* (Efe. 1:7). *'...que todos los que en él creyeren, recibirán perdón de pecados por su nombre'* (Hech. 10:43).

   c. _____: Es el acto de _____ la _____ existente entre Dios y el hombre.[93] El pecado rompió la relación entre Dios y el hombre; y Cristo con su obra sirvió como _____ de ambos. *'Porque si siendo enemigos, fuimos reconciliados con Dios por la muerte de su Hijo...'* (Rom. 5:10). *'Y a vosotros también, que erais en otro tiempo extraños y enemigos... ahora os ha reconciliado... para presentaros santos y sin mancha e irreprensibles delante de él'* (Col. 1:21-22).

   d. _____: Es el acto por el cual Dios nos declara _____ culpa al hombre por la fe depositada en la obra de Cristo.[94] Aunque por ser pecador, el hombre es _____, por la obra de Cristo en él, Dios lo declara _____. *'Concluimos, pues, que el hombre es justificado por la fe sin las obras de la ley'* (Rom. 3:28). *'Siendo*

Panorama Doctrinal

Notas

Perfeccionados

Panorama Doctrinal

Notas

justificados gratuitamente por su gracia, mediante la redención que es en Cristo Jesús' (Rom. 3:24).

e. _____: Es el acto de Dios declarar _____ (sin pecado) y _____ (apartado para Dios) al que recibe a Jesucristo como Salvador y Señor.⁹⁵ *'En esa voluntad somos santificados mediante la ofrenda del cuerpo de Jesucristo hecha una vez para siempre. Porque con una sola ofrenda hizo perfectos para siempre a los santificados'* (Heb. 10:10 y 14).

f. _____: Es el privilegio que tiene el cristiano de _____ con Dios para adorar, confesar, agradecer, pedir, interceder, etc. Como medio de _____ en Dios. *'Así que, hermanos, teniendo libertad para entrar en el Lugar Santísimo por la sangre de Jesucristo'* (Heb. 10:19). *'Vosotros, pues, oraréis así: Padre nuestro que estás en los cielos, santificado sea tu nombre...'* (Mat. 6:9-13).

g. _____ eterna: Es el estado de _____ que Dios otorga al liberar al creyente de la muerte eterna, confiriéndole el privilegio de vivir _____ con él. *'Porque de tal manera amó Dios al mundo, que ha dado a su Hijo unigénito, para que todo aquel que en él cree, no se pierda, mas tenga vida eterna'* (Jn. 3:16). *'Estas cosas os he escrito a vosotros que creéis en el nombre del Hijo de Dios, para que sepáis que tenéis vida eterna...'* (1 Jn. 5:13).

h. _____: Es la obra en la que Dios _____ al cristiano en santidad y perfección completa, para hacerle apto para la _____ celestial eterna.⁹⁶ *'El cual transformará el cuerpo de la humillación nuestra, para que sea semejante al cuerpo de la gloria suya...'* (Fil. 3:21). *'...y los muertos serán resucitados incorruptibles, y nosotros seremos transformados'* (1 Cor. 15:52b).

Su Alcance

La salvación está al alcance de toda persona, porque la obra de Cristo puede alcanzar a todo aquel que creyendo, confía en él. La obra redentora de Jesucristo fue:[97]

1. _____. *'Porque con una sola ofrenda hizo perfectos para siempre a los santificados'* (Heb. 10:14; cp. 1 Ped. 3:18; 1 Jn. 2:2); por eso somos salvos _____.

2. _____. *'...sino por su propia sangre, entró una vez para siempre en el Lugar Santísimo, habiendo obtenido eterna redención. ...el cual mediante el Espíritu eterno se ofreció a sí mismo sin mancha a Dios...'* (Heb. 9:12 y 14; cp. 1 Ped. 1:19); por eso somos salvos _____.

3. _____. *'En esa voluntad somos santificados mediante la ofrenda del cuerpo de Jesucristo hecha una vez para siempre'* (Heb. 10:10; cp. 9:28); por eso somos salvos para _____.

Panorama Doctrinal

Notas

Por lo tanto, Jesucristo es el 'único' salvador de todos los tiempos (cp. Rom 4:13-25). Todos los santos del _____ Testamento _____ salvos en el sacrificio _____ de Cristo; por ejemplo: *'Yo sé que mi Redentor vive...'* (Job 19:25); y todos los santos del _____ Testamento _____ salvos en el sacrificio _____ de Cristo; por ejemplo: *'siendo justificados... mediante la redención que es en Cristo Jesús'* (Rom. 3:24). Y, _____ somos salvos por ___, porque *'el justo por la fe vivirá'* (Hab. 2:4b y Rom. 1:17b).

Gráficamente:[98]

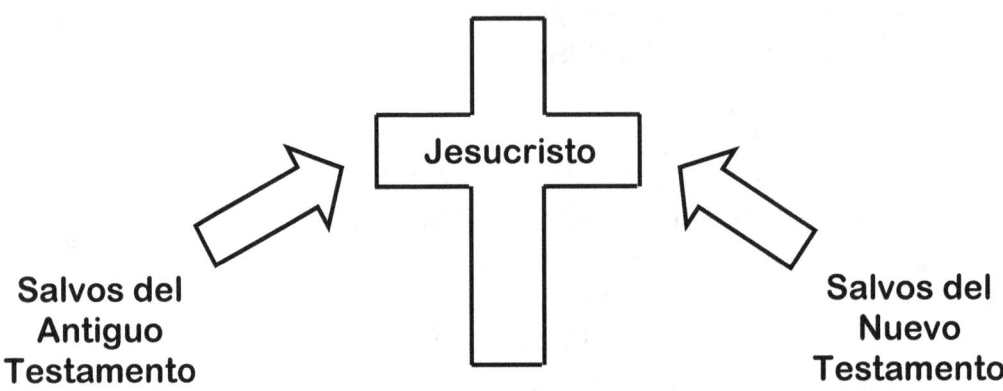

Salvos del Antiguo Testamento

Salvos del Nuevo Testamento

Sus Implicaciones

Las implicaciones (lo que envuelve o involucra) la salvación tiene _____ resultados.[99] Muchos piensan que el tema de la salvación solo envuelve la liberación _____ del castigo eterno, pero bíblicamente vemos que la dimensión de ésta es mucho más _____. Llamaremos a esta declaración: Salvación tres ___.

Panorama Doctrinal

Notas

1. En el _____, fuimos salvos de la _____ del pecado. El término '_____' es sinónimo de castigo, color, duelo, mal, padecimiento, sufrimiento.[100] La _____ que corresponde al pecador es: *'no hay justo, ni aun uno'* (Rom. 3:10). Sin embargo, cuando nacemos de _____, somos declarados _____ (sin culpa), y como resultado estamos _____ de la ira venidera y la condenación eterna; *'pues mucho más, estando ya justificados en su sangre, por él seremos salvos de la ira'* (Rom. 5:9; cp. 5:19; 8:1). Por la obra de Cristo en nosotros, somos vistos por el Padre a través del Hijo '_____' como sin pecado (_____).

2. En el _____, somos salvos del _____ del pecado. '_____' aquí es sinónimo de autoridad, domi-

nio, imperio.[101] El pecado pretende _____ sobre el creyente; Pablo dijo: *'De manera que ya no soy yo quien hace aquello, sino el pecado que mora en mí'* (Rom. 7:17). De ahí que existe la lucha espiritual en el creyente para vivir en _____ (apartado del pecado y consagrado a Dios): *'Pero gracias a Dios, que aunque erais esclavos del pecado... y libertados del pecado, vinisteis a ser siervos de la justicia. ...así como para iniquidad presentasteis vuestros miembros para servir a la inmundicia y a la iniquidad, así ahora para santificación presentad vuestros miembros para servir a la justicia'* (Rom. 6:17-19). Desde este punto de vista, esta santificación es un '_____' en el que cada vez más somos como _____ (cp. Fil. 1:6).

3. En el _____, seremos salvos de la _____ del pecado. El término '_____' es sinónimo de vigencia. Hasta que el creyente sea despojado del cuerpo pecaminoso, tendrá la amenaza _____ del pecado, pues como dijo el salmista: *'...mis pecados no te son ocultos'* (Sal. 69:5b; cp. 1 Jn. 1:8); pero cuando Dios realice en nosotros la _____ (transformación en un cuerpo glorioso), entonces estaremos capacitados para vivir la '_____' de la totalidad de la salvación porque Jesucristo *'transformará el cuerpo de la humillación nuestra, para que sea semejante al cuerpo de la gloria suya...'* (Fil. 3:21; cp. 1 Cor. 15:51-53).

Panorama Doctrinal

Notas

Gráfico salvación tres P:

Tiempo		Salvos...			
Pasado	Fuimos →		De la _____ del pecado	Justificación	Posición
Presente	Somos →		Del _____ del pecado	Santificación	Proceso
Futuro	Seremos →		De la _____ del pecado	Glorificación	Consumación

Lo pasado es historia, el presente está vigente, y el futuro llegará...

Panorama Doctrinal

Notas

Su Seguridad

La seguridad de la salvación es uno de los temas más maravillosos en la esperanza del cristiano.

Seguridad de salvación es, la _____ que tiene el _____ de tener la salvación _____, por _____ en _____ por la ___, siendo librado de la _____ del lago de fuego; y atestiguada por las promesas hechas en las _____ como _____ divino.

Las pruebas de esta seguridad:

1. Por parte del _____. Dios el Padre asegura la salvación eterna:

   a. Cuando la persona _____ genuinamente. *'Porque de tal manera amó Dios al mundo, que ha dado a su Hijo unigénito, para que todo aquel que en él cree, no se pierda, mas tenga vida eterna'* (Jn. 3:16). *'...el que oye mi palabra, y cree al que me envió, tiene vida eterna; y no vendrá a condenación, mas ha pasado de muerte a vida'* (Jn. 5:24).

b. Cuando la persona confía en el _____ de Dios para guardarlo. *'Mi Padre que me las dio, es mayor que todos, y nadie las puede arrebatar de la mano de mi Padre'* (Jn. 10:29).

2. Por parte del _____. Dios el Hijo asegura la salvación eterna:

   a. Cuando la persona _____ que Jesús es el Señor, que murió y resucitó. *'Que si confesares con tu boca que Jesús es el Señor, y creyeres en tu corazón que Dios le levantó de los muertos, serás salvo'* (Rom. 10:9).

   b. Cuando la persona _____ a Jesucristo en él. *'...que Dios nos ha dado vida eterna; y esta vida está en su Hijo. El que tiene al Hijo, tiene la vida; el que no tiene al Hijo de Dios no tiene la vida'* (1 Jn. 5:11-12).

   c. Cuando la persona confía en el _____ de Jesucristo para guardarlo. *'Y yo les doy vida eterna; y no perecerán jamás, ni nadie las arrebatará de mi mano'* (Jn. 10:28).

3. Por parte del _____ Santo. Dios el Espíritu asegura la salvación eterna:

   a. Cuando la persona ha _____ de nuevo. *'Nos salvó... por el lavamiento de la regeneración y por la renovación en el Espíritu Santo'* (Tit. 3:5; cp. Jn. 3:3-5).

   b. Cuando la persona ha sido _____ por el Espíritu. *'...habiendo oído la palabra de verdad, el evangelio de vuestra salvación, y habiendo creído en él, fuisteis sellados con el Espíritu Santo de la promesa, que es las arras de nuestra herencia hasta la redención de la posesión adquirida...'* (Efe. 1:13-14; cp. 4:30).

Las verdades anteriores no implican que el cristiano puede decir: 'Si soy _____ eternamente, entonces puedo vivir como yo _____'. La persona que sabe que es salva, porque creyó genuinamente, _____ de acuerdo con la _____ de su salvación;[102] pues, el que es _____ de Dios ___ practica el pecado: *'Todo aquel que es nacido de Dios, no practica el pecado, porque la simiente de Dios permanece en él; y no puede pecar, porque es nacido de Dios'* (1 Jn. 3:9; cp. 5:18).

Panorama Doctrinal

Declaraciones que demuestran la _____ de la salvación:

1. Conocimiento de que Dios es su _____ celestial. *'Y esta es la vida eterna: que te _____ a ti, el único Dios verdadero, y a Jesucristo a quien has enviado'* (Jn. 17:3).

2. Convencimiento de ser _____ de Dios. *'El Espíritu mismo da testimonio a nuestro espíritu, de que somos _____ de Dios'* (Rom. 8:16).

3. Dependencia en Dios por medio de la _____. *'Y todo lo que _____ al Padre en mi nombre, lo haré...'* (Jn. 14:13).

4. Comprensión de la _____ por medio del Espíritu. *'...sino el Espíritu que proviene de Dios, para que _____ lo que Dios nos ha concedido, lo cual también hablamos, no con palabras enseñadas por sabiduría humana, sino con las que _____ el Espíritu...'* (1 Cor. 2:12-13).

5. Concepto correcto acerca del _____. *'Sabemos que todo aquel que ha nacido de Dios, _____ practica el _____, pues Aquel que fue engendrado por Dios le guarda, y el maligno no le toca'* (1 Jn. 5:18).

6. Amor por los _____ para que sean salvos. *'...a todos me he he-*

Notas

cho de todo, para que de todos modos _____ a algunos. Y estos hago por causa del evangelio, para hacerme copartícipe de el' (1 Cor. 9:22-23).

7. Amor por los demás _____ para convivir juntos. *'Nosotros sabemos que hemos pasado de muerte a vida, en que amamos a los _____. El que no ama a su hermano, permanece en muerte'* (1 Jn. 3:14).

La doctrina de la _____ del creyente se hace práctica cuando el estilo de la vida cristiana _____ con los principios bíblicos de la salvación. Ninguna persona que se llame ser salva, vivirá sin ser guiado por la salvación que profesa tener. Tú podrás tener _____ de salvación sólo si eres un cristiano _____.

LA IGLESIA

La palabra '_____' viene de dos términos griegos: 'ek' (_____) y 'kaleo' (_____),[103] que implican llamar fuera del mundo para vivir para Dios; eso es la iglesia: un cuerpo especial _____ fuera del mundo para vivir _____ a Dios.[104] La iglesia se manifiesta en dos aspectos:[105]

1. Iglesia _____, que es el Cuerpo espiritual completo de verdaderos creyentes, sin importar localidad o tiempo.
2. Iglesia _____, que es un grupo local de creyentes, que se organizan para cumplir los propósitos que Dios le ha designado.

```
                              ┌─→ Ideal
                   Universal ─┤
                              └─→ Invisible
         IGLESIA ─┤
                              ┌─→ Visible
                      Local ──┤
                              └─→ Actual
```

Para nuestro estudio nos enfocaremos en la iglesia local.

Su Origen

La Iglesia es un concepto _____ del Nuevo Testamento, que se originó después de la _____ de Jesucristo, específicamente en Hechos 2, el día de _____;[106] cuando el Espíritu Santo fue derramado, en cumplimiento de la profecía de Joel (cp. Jl. 2:28-32 con Hech. 2:16-21). La Iglesia es el proyecto divino que estuvo _____ desde los _____ en Dios: *'Misterio que en otras generaciones no se dio a conocer a los hijos de los hombres... y de aclarar a todos cuál sea la dispensación del misterio escondido desde los siglos en Dios...'* (Efe. 3:5-9). Este misterio era formar de ambos (judíos y gentiles) un solo _____, por la obra del _____; *'para crear en sí mismo de los dos un solo y nuevo hombre... y mediante la cruz reconciliar con Dios a ambos en un solo cuerpo... y vino y anunció las buenas nuevas de paz...'* (Efe. 2:15-17; cp. Col. 1:25-28).

Panorama Doctrinal

La Iglesia...[107]
1. No podía existir antes de la _____ de Jesucristo, para obrar la _____ del hombre con Dios. *'Y mediante la cruz reconciliar con Dios a ambos en un solo cuerpo...'* (Efe. 2:16).
2. No podía existir antes de la _____ de Jesucristo, para garantizar la nueva _____ en su resurrección. *'La cual operó en Cristo, resucitándole de los muertos... y lo dio por cabeza sobre todas las cosas a la iglesia'* (Efe. 1:20a y 22b; cp. 1 Ped. 1:3).
3. No podía existir antes de la _____ de Jesucristo al cielo, para llegar a ser Su _____. *'...y sentándole a su diestra en los lugares celestiales... y sometió todas las cosas bajo sus pies, y lo dio por cabeza sobre todas las cosas a la iglesia, la cual es su cuerpo...'* (Efe. 1:20b y 22-23a).
4. No podía existir antes de la llegada del _____ Santo, para _____ en ella (o en cada creyente). *'En quien vosotros también sois juntamente edificados para morada de Dios en el Espíritu'* (Efe. 2:22; cp. Hech. 2:33).

Notas

El origen de la Iglesia está ligado a:[108]
1. _____, por ser la piedra angular y cabeza. *'...siendo la principal piedra del ángulo Jesucristo mismo'* (Efe. 2:20b), *'y él es la cabeza del cuerpo que es la iglesia...'* (Col. 1:18; cp. Efe. 1:22).
2. Los _____ y _____, por ser sus precursores. *'Edificados sobre el fundamento de los apóstoles y profetas'* (Efe. 2:20a; cp. 3:5).

3. La _____, por ser la que registra su naturaleza, ministerio y doctrina. *'...que es la iglesia; de la cual fui hecho ministro, según la administración de Dios que me fue dada para con vosotros, para que anuncie cumplidamente la palabra de Dios'* (Col. 1:24-25).

Su Naturaleza

La iglesia es:[109]

1. Un _____ del cual Cristo es la _____, *'y él es la cabeza del cuerpo que es la iglesia...'* (Col. 1:18). Como Cuerpo, cada miembro deberá _____ para crecer en Dios, *'...en virtud de quien todo el cuerpo, nutriéndose y uniéndose por las coyunturas y ligamentos, crece con el crecimiento que da Dios'* (Col. 2:19).

2. Una _____ de quien Cristo es el _____, *'...pues os he desposado con un solo esposo'* (2 Cor. 11:2a). Como Novia, cada miembro debe vivir con _____ ante Cristo, *'para presentaros como una virgen pura a Cristo'* (2 Cor. 11:2b).

3. Un _____ del que Cristo es la _____ Angular, *'edificados sobre el fundamento de los apóstoles y profetas, siendo la principal piedra del ángulo Jesucristo mismo'* (Efe. 2:20). Como Edificio, cada miembro debe _____ ofreciendo sacrificios espirituales a Dios, *'Vosotros también, como piedras vivas, sed edificados... para ofrecer sacrificios espirituales aceptables a Dios por medio de Jesucristo'* (1 Ped. 2:5).

4. Un _____ de quien Cristo es el _____, *'quien se dio a sí mismo por nosotros para redimirnos de toda iniquidad y purificar para sí un pueblo propio, celoso de buenas*

Panorama Doctrinal

Notas

Panorama Doctrinal

obras' (Tit. 2:14). Como Pueblo, cada miembro debe _____ anunciando el mensaje de Dios, *'Mas vosotros sois... pueblo adquirido por Dios, para que anunciéis las virtudes de aquel que os llamó de las tinieblas a su luz admirable'* (1 Ped. 2:9).

5. Un _____ del cual Cristo es el _____, *'apacentad la grey de Dios... cuidando de ella... Y cuando aparezca el Príncipe de los pastores...'* (1 Ped. 5:2-4). Como Rebaño, cada creyente debe ser una _____ (discípulo o seguidor) de Jesucristo, *'mis ovejas oyen mi voz, y yo las conozco, y me siguen'* (Jn. 10:27).

6. Una _____ de la cual Dios es el _____, *'así que ya no sois extranjeros ni advenedizos, sino conciudadanos de los santos, y miembros de la familia de Dios'* (Efe. 2:19). Como Familia, cada miembro debe _____ a Dios con su testimonio, *'para que si tardo, sepas cómo debes conducirte en la casa de Dios que es la iglesia del Dios viviente...'* (1 Tim. 3:15).

7. Un real _____ del que Cristo es el Sumo _____, *' 'Mas vosotros sois linaje escogido, real sacerdocio... para que anunciéis las virtudes de aquel que os llamó de las tinieblas a su luz admirable'* (1 Ped. 2:9). Como Sacerdotes, cada creyente tiene _____ a la presencia de Dios, *'teniendo un gran sumo sacerdote que traspasó los cielos, Jesús el Hijo de Dios... acerquémonos, pues, confiadamente al trono de la gracia, para alcanzar misericordia y*

Notas

hallar gracia para el oportuno socorro' (Heb. 4:14-16).

Sus Propósitos

La temporal estadía de la Iglesia en esta tierra obedece a los _____ de Dios con ella. En resumen son _____ (otros propósitos que puedan mencionarse dependerán de uno de éstos):

1. _____ a Dios (adoración). *'Porque habéis sido comprados por precio, glorificad, pues, a Dios en vuestro cuerpo y en vuestro espíritu, los cuales son de Dios'* (1 Cor. 6:20; cp. Efe. 1:6, 12, 14). Como creyentes, vivimos para alabanza y adoración a Dios.
2. _____ a los creyentes (discipulado). *'A fin de perfeccionar a los santos para la obra del ministerio, para la edificación del cuerpo de Cristo'* (Efe. 4:12). El cristiano como miembro de su Iglesia, debe edificar a los otros sirviendo con sus dones, y con su testimonio.
3. _____ a los perdidos (evangelismo). *'...para que anunciéis las virtudes de aquel que os llamó de las tinieblas a su luz admirable'* (1 Ped. 2:9b; cp. 2 Cor. 5:18-19). El que es hijo de Dios tiene la responsabilidad de comunicar a los demás el plan de Dios para la salvación.

Gráficamente:

Cuando una iglesia _____ a Dios, será una iglesia que se _____ a sí misma, y se convertirá en una congregación que _____.

Sus Ordenanzas

La Biblia establece _____ ordenanzas para la Iglesia.

1. El _____. Es el acto voluntario de _____ a Dios, que se realiza _____ de aceptar a Cristo, e implica el _____ público de la salvación que _____ se tiene.

   a. Es una parte esencial del _____: *'Por tanto, id, y haced discípulos a todas las naciones, bautizándolos...'* (Mat. 28:19a).
   b. Debe realizarse en el nombre de la _____: *'...bautizándolos en el nombre del Padre, y del Hijo, y del Espíritu Santo'* (Mat. 28b).
   c. El requisito para ser bautizado es _____ que Jesús es el Hijo de Dios: *'...Si crees de todo corazón, bien puedes. Y respondiendo, dijo: Creo que Jesucristo es el Hijo de Dios. ...y le bautizó'* (Hech. 8:37-38; cp. Mar. 16:16).
   d. El bautismo es secundario, el _____ es primario: *'Pues no me envió Cristo a bautizar, sino a predicar el evangelio...'* (1 Cor. 1:17).
   e. El elemento material usado es el _____: *'Y mandó parar el carro; y descendieron ambos al agua, Felipe y el eunuco, y le bautizó. Cuando subieron del agua...'* (Hech. 8:38-39a).
   f. Solo los _____ pueden participar de él: *'Así que, los que recibieron su palabra fueron bautizados...'* (Hech. 2:41a; cp. Hech. 18:8).

Panorama Doctrinal

Notas

2. La _____ del Señor. Es el acto voluntario de _____ a Dios, en el que participamos los _____ recordando el _____ de Jesucristo, y anunciado su _____ hasta su regreso.

   a. Es un _____ que debe ser obedecido: *'...tomó Jesús el pan, y bendijo, y lo partió, y dio a sus discípulos, y dijo: Tomad, comed; esto es mi cuerpo. Y tomando la copa, y habiendo dado gracias, les dio, diciendo: Bebed de ella todos'* (Mat. 26:26-27).

   b. La Cena del Señor se _____ con la Pascua judía: El _____: *'...tómese cada uno un cordero... el animal será sin defecto...'* (Exo. 12:3 y 5). *'Sino con la sangre preciosa de Cristo, como de un cordero sin mancha y sin contaminación'* (1 Ped. 1:19). La _____: *'Y tomarán de la sangre, y la pondrán en los dos postes... Y la sangre os será por señal en las casas donde vosotros estéis...'* (Exo. 12:7 y 13). *'Esta copa es el nuevo pacto en mi sangre...'* (1 Cor. 11:25). El _____: *'En aquella noche comerán la carne asada al fuego, y panes sin levadura...'* (Exo. 12:8). *'...que el Señor Jesús, la noche que fue entregado, tomó pan; y habiendo dado gracias, lo partió, y dijo: Tomad, comed; esto es mi cuerpo...'* (1 Cor. 11:23-24).

   c. Los _____ materiales usados son el _____ (simboliza el cuerpo) y el fruto de _____ (simboliza la sangre): *'...tomó Jesús el pan, y bendijo, y lo partió, y dio a sus discípulos, y dijo: Tomad, comed; esto es mi cuerpo'* (Mat. 26:26). *'Y os digo que desde ahora no beberé más de este fruto de la vid, hasta aquel día en que lo beba nuevo con vosotros en el reino de mi Padre'* (Mat. 26:29).

Panorama Doctrinal

Notas

Panorama Doctrinal

d. Su _____ es triple: Recordar el sacrificio _____ de Cristo, '...esto es mi cuerpo que por vosotros es partido...' (1 Cor. 11:24). Recordar el nuevo _____ en la sangre de Cristo, '...esta copa es el nuevo pacto en mi sangre...' (1 Cor. 11:25). Anunciar la segunda _____ de Cristo, '...la muerte del Señor anunciáis hasta que él venga' (1 Cor. 11:26).

e. Las consecuencias de tomar la Cena del Señor _____ son: Culpabilidad del cuerpo y la sangre de Cristo, '...será _____ del cuerpo y de la sangre del Señor' (1 Cor. 11:27b). Come y bebe _____ para sí mismo, '...juicio come y bebe para sí' (1 Cor. 11:29b). Se expone a enfermedades o hasta a la _____, '...hay muchos enfermos y debilitados entre vosotros, y muchos duermen' (1 Cor. 11:30).

f. Antes de participar de la Cena del Señor, debemos _____ espiritualmente: 'Si, pues, nos examinásemos a nosotros mismos, no seríamos juzgados' (1 Cor. 11:30). 'Por tanto, pruébese cada uno a sí mismo, y coma así del pan, y beba de la copa' (1 Cor. 11:28).

g. La Cena del Señor es un testimonio de _____ con él: 'La copa de bendición que bendecimos, ¿no es la comunión de la sangre de Cristo? El pan que partimos, ¿no es la comunión del cuerpo de Cristo?' (1 Cor. 10:16).

Notas

Sus Dones Espirituales

Don espiritual 'es la _____ o capacidad _____ que el _____ Santo _____ a cada _____ del Cuerpo de Cristo para _____ a Dios y _____ a los demás en y desde su iglesia _____'.[110]

Los dones espirituales _____ son _____ naturales, no son el _____ del Espíritu, y no son los _____ cristianos.[111]

Si estudiamos Efe. 4:11; Rom. 12:6-8; 1 Cor. 7:1-7 y 12:8-10, 28-30; concluiremos con la siguiente _____ de los dones espirituales: apóstoles, profetas, evangelistas, pastores, servicio, enseñanza, exhortación, repartir, presidir, misericordia, celibato, conocimiento, sabiduría, fe, sanidades, milagros, discernimiento de espíritu, géneros de lenguas, interpretación de lenguas y administración.

Panorama Doctrinal

Notas

Efesios 4:11-16 es una excelente guía para conocer de este tema:

Dones:	Lista de dones:	*Y él mismo constituyó... Apóstoles... profetas... evangelistas... pastores y maestros*
Propósito:	Madurez:	*a fin de...*
	Capacitación:	*perfeccionar a los santos para la obra del ministerio,*
	Edificación:	*para la edificación del cuerpo de Cristo*
Meta:	Unidad:	*Hasta que... ...lleguemos a la unidad de la fe y del conocimiento del Hijo de Dios.*
	Perfección:	*...a un varón perfecto, a la medida de la estatura de la plenitud de Cristo...*
	Edificación:	*...para ir edificándose en amor.*

Es responsabilidad de cada creyente poner su o sus dones al _____ de Dios en su iglesia, y de esa manera formar parte del _____ que corresponde con ese don, para la _____ de Dios. *'Cada uno según el don que ha recibido, minístrelo a los otros, como buenos administradores de la multiforme gracia de Dios... para que en todo sea Dios glorificado por Jesucristo...'* (1 Ped. 4:10-11).

Panorama Doctrinal

Notas

Su Liderazgo y sus Ministerios

Liderazgo es un término técnico, que lo usamos para referirnos a los que _____ y/o que _____ a la congregación. Estos servidores son _____ por Dios, y _____ por el Espíritu Santo con los _____ espirituales, que sirven como la base para formar los _____.

'Ministerio' es el área de _____ que corresponde con el _____ otorgado por el Espíritu Santo, donde el _____ se desarrollará para _____ a Dios en y desde su _____ local.

Los ministerios de la iglesia pueden ser muchos e indeterminados; sin embargo, hay ___ que pueden catalogarse como fundamentales, estos son: Ministerio de _____ (Pastores), Ministerio de _____ (Diáconos), Ministerio de _____, Ministerio de _____, Ministerio de _____, Ministerio de _____, Ministerio de _____, y Ministerio de _____.

Nota: Para conocer los detalles sobre definición de estos ministerios, los requisitos para ser parte de estos ministerios, y las funciones de los mismos, vea el 'Manual Ministerial'.

Cada ministerio debe tener su _____ o coordinador, quien servirá también como parte del _____ de los líderes (siervos) que dirigirán a toda la congregación, haciendo así equipo con el o los _____.

Cada servidor y cada ministerio son _____ importantes en la iglesia; sin embargo, la _____ de la congregación es responsabilidad mayor del ministerio _____.

Gráfico del organigrama ministerial:

Su Disciplina

El término 'disciplina' puede tener _____ significados:

1. Disciplina _____. Si como creyentes cumplimos nuestros deberes cristianos y hacemos un hábito, nos convertimos en discípulos cristianos; así tendremos una disciplina habitual. En caso contrario, si el hermano no tiene una disciplina espiritual que honre a Cristo, porque está viviendo en pecado, entonces debemos pasar al segundo significado de disciplina.

2. Disciplina _____. Esta área de la disciplina, es el _____ usado para hacer frente al _____ dentro de la _____ mediante la _____ y la _____ del ofensor, con el propósito de _____ a la comunión con Dios y con la iglesia.

Panorama Doctrinal

Notas

a. Propósito:
  - _____ el pecado. *'Pero cuando Pedro vino a Antioquía, le resistí cara a cara, porque era de condenar. ...dije a Pedro delante de todos: Si tú, siendo judío, vives como los gentiles y no como judío, ¿por qué obligas a los gentiles a judaizar?'* (Gál. 2:11 y 14).
  - _____ el pecado. *'A los que persisten en pecar, repréndelos delante de todos, para que los demás también teman'* (1 Tim. 5:20).
  - _____ a la iglesia. *'Os escribí que no os juntéis con ninguno que, llamándose hermano, fuere fornicario, o avaro, o idólatra, o maldiciente, o borracho, o ladrón; con el tal ni aun comáis'* (1 Cor. 5:11; cp. Hech. 5:11; 2 Tes. 3:14).
  - _____ al pecador. *'Hermanos, si alguno es sorprendido en alguna falta, vosotros que sois espirituales, restauradle...'* (Gál. 6:1a; cp. 2 Tes. 3:14-15).

b. Proceso (Mat. 18:15-17):
  - _____ en privado. *'Si tu hermano peca contra ti, ve y repréndele estando tú y él solos...'* (15a).
  - _____ con testigos. *'Si no te oyere, toma aun contigo a uno o dos...'* (16a).
  - _____ a la Iglesia. *'Si no los oyere a ellos, dilo a la iglesia...'* (17a).
  - _____ de la membrecía. *'Y si no oyere a la iglesia, tenle por gentil y publicano'* (17b; cp. Tit. 3:10).

c. ¿Quiénes deben disciplinar?
  - El creyente o los creyentes _____. *'Si tu hermano peca contra ti, ve y repréndele estando tú y*

él solos... Mas si no te oyere, toma aún contigo a uno o dos, para que en boca de dos o tres testigos conste toda palabra' (Mat. 18:15-16).
- Creyentes _____ espiritualmente. *'Hermanos, si alguno es sorprendido en alguna falta, vosotros que sois espirituales, restauradle...'* (Gál. 6:1a).
- En caso de extrema gravedad, toda la _____. *'En el nombre de nuestro Señor Jesucristo, reunidos vosotros y mi espíritu, con el poder de nuestro Señor Jesucristo, el tal sea entregado a Satanás...'* (1 Cor. 5:4-5a).

d. Además:
- Los pecados privados deben ser confrontados en _____, los pecados públicos deben ser confrontados en _____.
- Solo deben ser involucrados en la confrontación y corrección, las personas _____.
- Ninguna disciplina es para destruir, sino para _____.
- El _____ (o los pastores) deben ser responsables de dirigir estos procesos.
- Si la persona regresa arrepentido, la iglesia debe _____ y restaurar la comunión con él (cp. 2 Cor. 2:8-10).

La Vida Cristiana

La vida cristiana es el _____ de vida individual que se inicia en la persona desde que _____ en Jesucristo como _____, y que estableciéndolo como el _____ de su vida, se compromete con Dios a _____ como _____ vivió.

Cuando la persona _____ en Jesucristo como su Salvador, queda _____ para vivir la vida cristiana: *'De modo que si alguno está en Cristo, nueva criatura es, las cosas viejas pasaron; he aquí todas son hechas nuevas'* (2 Cor. 5:17).

Cuando el creyente _____ a Jesucristo como su Señor, vivirá _____ a Su señorío: *'¿Por qué me llamáis, Señor, Señor, y no hacéis lo que yo digo?'* (Luc. 6:46; cp. Mal. 1:6).

La vida cristiana no es _____, es un _____ en el que Dios irá trabajando: *'...el que comenzó en vosotros la buena obra, la perfeccionará hasta el día de Jesucristo'* (Fil. 1:6).

Panorama Doctrinal

Notas

La muestra de la vida cristiana en:
1. **La familia.**
   a. Dios formó la familia con la unión de un _____ y una _____: *'Por tanto, dejará el hombre a su padre y a su madre, y se unirá a su mujer, y serán una sola carne'* (Gén. 2:24).
   b. La _____ debe mostrar sumisión y amor: *'Las casadas estén sujetas a sus propios maridos...'* (Efe. 5:22); *'maridos, amad a vuestras mujeres...'* (Efe. 5:25).
   c. Los _____ deben orientar correctamente a su yerno o nuera: *'Entonces el suegro de Moisés le dijo: No está bien lo que haces. Desfallecerás del todo, tú, y también este pueblo que está contigo; porque el trabajo es demasiado pesado para ti; no podrás hacerlo tú solo'* (Exo. 18:17-18).
   d. Los _____ y las _____ deben apreciar y respetar a su suegro o suegra: *'Y oyó Moisés la voz de su suegro, e hizo todo lo que dijo'* (Exo. 18:24; cp. Rut 3:5-6).

e. Los _____ deben criar a los hijos con disciplina del Señor: *'Y vosotros padre... criadlos en disciplina y amonestación del Señor'* (Efe. 6:4).

f. Los _____ deben mostrar obediencia y honra hacia sus padres: *'Hijos, obedeces en el Señor a vuestros padres... Honra a tu padre y a tu madre...'* (Efe. 6:1-2).

g. Los _____ deben dar testimonio de servicio a Dios: *'Y era viuda hacía ochenta y cuatro años; y no se apartaba del templo, sirviendo de noche y de día con ayunos y oraciones'* (Luc. 2:37; cp. 1 Tim. 5:10).

h. Los _____ (o hijos) deben ser responsables con sus abuelos (viudos): *'Pero si alguna viuda tiene hijos, o nietos, aprendan éstos primero a ser piadosos para con su propia familia, y a recompensar a sus padres...'* (1 Tim. 5:4).

i. La _____ debe servir a Dios: *'...pero yo y mi casa serviremos a Jehová'* (Jos. 24:15b).

2. **El trabajo.**
    a. El trabajo lo _____ Dios como parte de las actividades del hombre: *'Porque Jehová Dios aún no había hecho llover sobre la tierra, ni había hombre para que labrase la tierra'* (Gén. 2:5). *'Tomó, pues, Jehová Dios al hombre, y lo puso en el huerto de Edén, para que lo labrara y lo guardase'* Gén. 2:15). El trabajo no es un castigo.
    b. El trabajo es hecho para proveer el _____ de la familia: *'Porque si alguno no provee para los suyos, y mayormente para los de su casa, ha negado la fe, y es peor que un incrédulo'* (1 Tim. 5:8).
    c. El que trabaja está autorizado para _____: *'Si alguno no quiere trabajar, tampoco coma'* (2 Tes. 3:10b).
    d. Con mi trabajo, yo sirvo a _____: *'Sirviendo de buena voluntad, como*

Panorama Doctrinal

Notas

al Señor y no a los hombres' (Efe. 6:7; cp. Col. 3:22).
   e. Trabajo es '_____', es ejecutar un oficio: *'...y ocuparos en vuestros negocios, y trabajar con vuestras manos...'* (1 Tes. 4:11).
   f. El trabajo es un lugar donde debo dar buen _____ a los no creyentes: *'A fin de que os conduzcáis honradamente para con los de afuera...'* (1 Tes. 4:12).
   g. En el trabajo debo mostrar _____ a los superiores, aun cuando sean difíciles: *'Todos los que están bajo el yugo de esclavitud, tengan a sus amos por dignos de todo honor...'* (1 Tim. 6:1; cp. 1 Ped. 2:18).
   h. Si en el trabajo mi superior es creyente, no debo tomar _____: *'A los que tienen amos creyentes, no los tengan en menos por ser hermanos, sino sírvanles mejor...'* (1 Tim. 6:2).

Panorama Doctrinal

Notas

3. **La iglesia.**
   a. Servir a Dios en _____ con todo tu cuerpo: *'...así ahora para santificación presentad vuestros miembros para servir a la justicia'* (Rom. 6:19; cp. 6:13).
   b. _____ con los demás creyentes: *'No dejando de congregarnos, como algunos tienen por costumbre...'* (Heb. 10:25).
   c. Participar en el _____ que corresponda con tu don espiritual: *'Cada uno según el don que ha recibido, minístrelo a los otros, como buenos administradores de la multiforme gracia de Dios'* (1 Ped. 4:10).
   d. Cumplir con tu deber _____ con Dios: *'Cada uno dé como propuso en su corazón: no con tristeza, ni por necesidad, porque Dios ama al dador alegre'* (2 Cor. 9:7). *'Cada primer día de la semana cada uno de vosotros ponga aparte algo, se-*

gún haya prosperado…' (1 Cor. 16:2).
   e. Mostrar _____ al liderazgo de la congregación: *'Obedeced a vuestros pastores, y sujetaos a ellos…'* (Heb. 13:17; cp. 1 Tes. 5:12-13).
   f. Demostrar _____ a los demás: *'Así que, según tengamos oportunidad, hagamos bien a todos, y mayormente a los de la familia de la fe'* (Gál. 6:10).

4. Mi país:
   a. Las autoridades son _____ de Dios para el _____ de los demás: *'porque es servidor de Dios para tu bien'* (Rom. 13:4a; cp. 6).
   b. Las autoridades están para: _____ a los malhechores, y _____ a los bienhechores: *'…como por él enviados para castigo de los malhechores y alabanza de los que hacen bien'* (1 Ped. 2:14b; cp. Rom. 13:3-4).
   c. _____ a las autoridades: *'…someteos a toda institución humana, ya sea al rey, como a superior, ya a los gobernantes…'* (1 Ped. 2:13-14a; cp. Tit. 3:1).
   d. _____ por las autoridades: *'Exhorto ante todo, a que se hagan rogativas, oraciones, peticiones y acciones de gracias, por todos los hombres; por los reyes y por todos los que están en eminencia, para que vivamos quieta y reposadamente en toda piedad y honestidad'* (1 Tim. 2:1-2).
   e. Pagar los _____ al gobierno: *'pagad a todos lo que debéis… al que impuesto, impuesto…'* (Rom. 13:7; cp. Luc. 20:22-25).
   f. No _____ a las autoridades: *'…no maldecirás a un príncipe*

Panorama Doctrinal

Notas

> **Panorama Doctrinal**
>
> **Notas**

de tu pueblo' (Hech. 23:5b; cp. Exo. 22:28).

g. Hacer lo que es _____ en su comunidad: '...que estén dispuestos a toda buena obra' (Tit. 3:1b; cp. Rom. 3:13).

Recuerde que someterse y obedecer a las autoridades terrenales, no implica que hay obrar en contra de la ley _____ para obedecer a las leyes _____. '...es necesario obedecer a Dios antes que a los hombres' (Hech. 2:29b; cp. 4:19; Dan. 3:17-18).

El _____ de la vida del cristiano depende de _____ aspectos:
1. Obediencia absoluta a la _____ de Dios (cp. 1 Sam. 15:22-23).
2. Dependencia absoluta de la _____ del Espíritu Santo (Efe. 5:18).
3. Imitación absoluta del _____ de Jesucristo (1 Cor. 11:1).

EVENTOS FUTUROS

Los 'Eventos Futuros' es el programa _____ que consumará las profecías _____ por cumplirse, que pondrán el _____ a la presente era y el _____ a la era venidera.

Muchos pasajes bíblicos mencionan la venida del '_____ del _____' (cp. Isa. 2:12; Ezeq. 13:5; Am. 5:18; Mal. 4:5; 1 Tes. 5:2; 2 Ped. 3:10; etc.), frase ésta que está ligada a los profetizados eventos _____ como parte de los _____ de Dios.

Nota: El estudio de la doctrina de los Eventos Futuros ha causado muchas controversias, principalmente por la ubicación de la cronológica de los diferentes acontecimientos. No es nuestro propósito entrar en tales discusiones, pero creemos que si el estudiante bíblico puede entender que la Iglesia e Israel son dos grupos distintos con los cuales Dios tiene un plan divino, entonces podremos tener un mejor entendimiento de estas profecías bíblicas.

Panorama Doctrinal

Notas

(Vea el gráfico en la siguiente página)

Gráficamente:

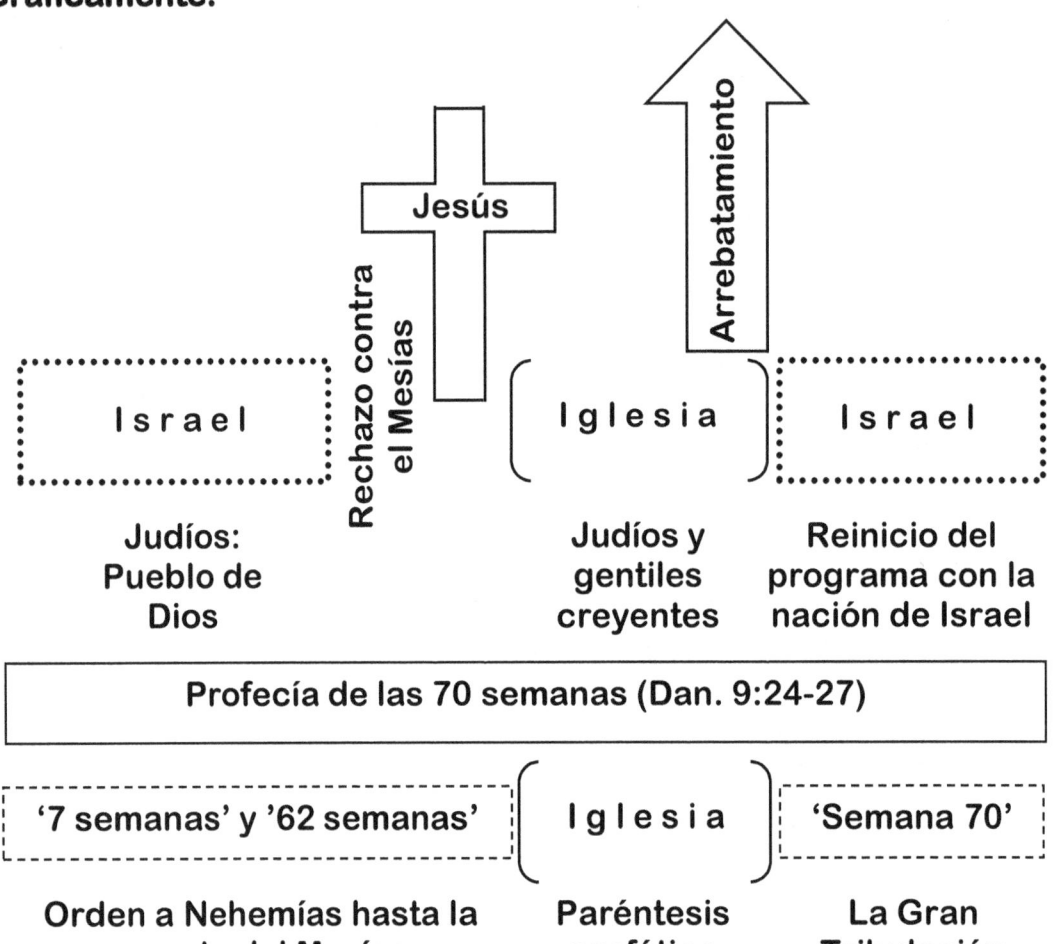

Arrebatamiento de la Iglesia

El arrebatamiento de la Iglesia es el suceso en el que Jesucristo _____ en las nubes, _____ el cuerpo de cada creyente, y nos _____ con él por la eternidad.

Detalles bíblicos de este evento:

1. Jesús anunció que _____ por los suyos: *'...vendré otra vez, y os tomaré a mí mismo, para que donde yo estoy, vosotros también estéis'* (Jn. 14:3b).
2. El momento será _____: *'En un momento, en un abrir y cerrar de ojos, a la final trompeta'* (1 Cor. 15:52a).
3. Jesucristo _____ del cielo: *'Porque el Señor mismo con voz de mando, con voz de arcángel, y con trompeta de Dios, descenderá del cielo'* (1 Tes. 4:16a).
4. Los creyentes que murieron _____: *'...y los muertos en Cristo resucitarán primero'* (1 Tes. 4:16b).

5. Los muertos resucitados serán _____: *'...y los muertos serán resucitados incorruptibles'* (1 Cor. 15:52b).
6. Los creyentes que estemos vivos seremos _____ con los resucitados: *'Luego nosotros los que vivimos, los que hayamos quedado, seremos arrebatados juntamente con ellos en las nubes...'* (1 Tes. 4:17a).
7. Los creyentes vivos seremos _____: *'...y nosotros seremos transformados'* (1 Cor. 15:52c).
8. La transformación implica _____ e _____: *'Porque es necesario que esto corruptible se vista de incorrupción, y esto mortal se vista de inmortalidad'* (1 Cor. 15:53; cp. Fil. 3:21).
9. Los creyentes nos _____ al Señor en las nubes y estaremos _____ con él: *'...para recibir al Señor en el aire, y así estaremos siempre con el Señor'* (1 Tes. 4:17b).
10. La ciudadanía de la Iglesia está en los _____: *'Mas nuestra ciudadanía está en los cielos, de donde también esperamos al Salvador, al Señor Jesucristo'* (Fil. 3:20).

La esperanza de la Iglesia en la venida del Señor para morar siempre con él, debe _____ hasta que nos reunamos con él: *'Alentaos los unos a los otros con estas palabras'* (1 Tes. 4:18).

Cuando la Iglesia esté en los cielos, habrá dos acontecimientos que tienen relación con ella: El _____ de Cristo y las _____ del Cordero.

El Tribunal de Cristo

El 'Tribunal de Cristo' es el evento en el que Jesucristo _____ en el cielo, la _____ de los creyentes mientras le _____ en la tierra como parte de Su Iglesia.

La naturaleza de este evento no es de un _____, sino de un _____ (recompensar o galardonar).[112]

1. Este evento sucederá _____ de la venida del Señor por su Iglesia: *'Así que, no juzguéis nada antes de tiempo, hasta que venga el Señor... y entonces cada uno recibirá su*

alabanza de Dios' (1 Cor. 4:5). *'He aquí yo vengo pronto, y mi galardón conmigo, para recompensar a cada uno según sea su obra'* (Apoc. 22:12).

2. El tribunal de Cristo será para los _____ para rendir _____ ante Dios: *'Porque es necesario que todos comparezcamos ante el tribunal de Cristo'* (2 Cor. 5:10a). *'...Porque todos compareceremos ante el tribunal de Cristo... De manera que cada uno de nosotros dará a Dios cuenta de sí'* (Rom. 14:10b y 12).

3. Cada creyente será recompensado en base a sus _____ (servicio): *'...para que cada uno reciba según lo que haya hecho mientras estaba en el cuerpo, sea bueno o sea malo'* (2 Cor. 5:10b). *'...para recompensar a cada uno según sea su obra'* (Apoc. 22:12b). Nuestras _____ determinarán nuestra _____.
Pablo lo ilustra en 1 Corintios 3, de la siguiente manera:

   a. _____ revelador: el fuego: *'La obra de cada uno se hará manifiesta; porque el día la declarará, pues por el fuego será revelada; y la obra de cada uno cuál sea, el fuego la probará'* (13).

   b. Obras _____: oro, plata, piedras preciosas: *'Y si sobre este fundamento alguno edificare oro, plata, piedras preciosas...'* (12a). *'Si permaneciere la obra de alguno que sobreedificó, recibirá recompensa'* (14).

   c. Obras _____: madera, heno, hojarasca: *'Y si sobre este fundamento alguno edificare... madera, heno, hojarasca'* (12). *'Si la obra de alguno se quemare, él sufrirá pérdida...'* (15a).

   d. En realidad, el _____ será quien declarará nuestras obras:

Panorama Doctrinal

Notas

'Así que, no juzguéis nada antes de tiempo, hasta que venga el Señor, el cual aclarará también lo oculto de las tinieblas, y manifestará las intenciones de los corazones; y entonces cada uno recibirá su alabanza de Dios' (1 Cor. 4:5).

4. El _____ del tribunal de Cristo será:[113]

   a. _____ de recompensa: *'Si la obra de alguno se quemare, él sufrirá pérdida...'* (1 Cor. 3:15a). *'Mirad por vosotros mismos, para que no perdáis el fruto de vuestro trabajo, sino que recibáis galardón completo'* (2 Jn. 8).

   b. _____ de recompensa: *'Si permaneciere la obra de alguno que sobreedificó, recibirá recompensa'* (14). *'para recompensar a cada uno según sea su obra'* (Apoc. 22:12).

5. Los galardones podrían ser _____. La Biblia menciona ____ tipos de coronas que serán entregadas a los creyentes:[114]

   a. La corona _____, para aquellos que tienen dominio propio: *'Todo aquel que lucha, de todo se abstienen; ellos, a la verdad, para recibir una corona corruptible, pero nosotros, una incorruptible'* (1 Cor. 9:25).

   b. La corona de _____, para aquellos que son fieles a Dios en medio de las tentaciones: *'Bienaventurado el varón que soporta la tentación; porque cuando haya resistido la prueba, recibirá la corona de vida, que Dios ha prometido a los que le aman'* (Sant. 1:12). *'Sé fiel hasta la muerte, y yo te daré la corona de la vida'* (Apoc. 2:10b).

Panorama Doctrinal

Notas

> **Panorama Doctrinal**
>
> **Notas**

c. La corona de _____, para los que aman la venida de Cristo: *'Por lo demás, me está guardada la corona de justicia, la cual me dará el Señor, juez justo, en aquel día; y no sólo a mí, sino también a todos los que aman su venida'* (2 Tim. 4:8).

d. La corona de _____, para los ganadores de almas: *'Porque ¿cuál es nuestra esperanza, o gozo, o corona de que me gloríe? ¿No lo sois vosotros, delante de nuestro Señor Jesucristo, en su venida?'* (1 Tes. 2:19).

e. La corona de _____, para los pastores que fueron fieles en su ministerio: *'...Y cuando aparezca el Príncipe de los pastores, vosotros recibiréis la corona incorruptible de gloria'* (1 Ped. 5:1-4).

En la escena celestial de adoración, los veinticuatro ancianos depositan sus _____ ante el trono del Señor: *'Los veinticuatro ancianos se postran delante del que está sentado en el trono, y adoran al que vive por los siglos de los siglos, y echan sus _____ delante del trono...'* (Apoc. 4:10). No sabemos quiénes son o a quiénes representan los veinticuatro _____, pero es posible que al igual que ellos, los _____ depositaremos nuestras _____ ante el Señor.[115] La gloria por la recompensa no es para el que _____ la corona, sino para el que la _____.

Las Bodas del Cordero

Las 'Bodas del Cordero' es el evento en el que Cristo y su Iglesia se _____ para siempre.[116] Cuando Cristo venga por su Iglesia, viene como el _____ para unirse a su _____.

En Efesios 5:22-33 cuando Pablo explica la relación matrimonial del esposo con la esposa, la _____ con la relación que Cristo tiene con la Iglesia. Note el énfasis de Pablo en el versículo 32: *'Grande es este misterio; más yo digo esto respecto de Cristo y de la iglesia'.* Cristo tiene y tendrá una relación _____ con su Iglesia.

Actualmente la Iglesia es la _____ de Cristo, pero cuando Él venga por ella, se convertirá en su _____ *'...pues os he desposado con un solo esposo, para presentaros como una virgen pura a Cristo'* (2 Cor. 11:2; cp. Apoc. 21:9).

Apocalipsis 19:7-8 dice: *'Gocémonos y alegrémonos y démosle gloria; porque han llegado las bodas del Cordero, y su esposa se ha preparado. Y a ella se le ha concedido que se vista de lino fino, limpio y resplandeciente; porque el lino fino es las acciones justas de los santos'.* De este pasaje aprendemos que:

1. El _____ de las bodas del Cordero, como si fuera un compromiso nupcial, es el _____ (el contexto en los versículos 1-6 lo declaran).
2. La esposa se ha _____. Antes ella era *'como una virgen pura'* (2 Cor. 11:2), pero ahora es la esposa.
3. El _____ de la esposa es _____, indicando su sublime santidad.

A esto debemos añadir el versículo 9 *'...Bienaventurados los que son llamados a la cena de las bodas del Cordero...'.* Creemos que los invitados a la cena, son los _____ que no pertenecieron a la época de la _____. Por lo tanto, esta cena será celebrada aquí en la _____ después de la venida gloriosa de Cristo narrada en los versículos 11-16.

Panorama Doctrinal

Notas

Las _____ del Cordero es un evento relacionado con la _____, que se celebrará en el _____. La _____ de las bodas es un evento que involucra a _____ y se realizará en la _____. _____ será invitado a la cena, aunque muchos rechazarán la invitación, entonces la invitación se abrirá también a los _____ (cp. Mat. 22:1-14; Luc. 14:16-24; Mat. 25:1-13).[117]

La Gran Tribulación

La 'Gran Tribulación' es el período de _____ más severo para Israel y el mundo de _____ los tiempos.[118] El calificativo divino lo expresa así: *'...tiempo de angustia para Jacob...'* (Jer. 30:7); y *'...tiempo de angustia, cual nunca fue desde que hubo gente hasta entonces...'* (Dan. 12:1); *'indignación'* (Isa. 26:20); *'día de ira... de angustia y de aprieto... de alboroto y de asolamiento... de tinieblas y de oscuridad... de nublado y de entenebrecimiento'* (Sof. 1:15); *'tribulación'* (Mat. 24:29); *'el gran día de su ira'* (Apoc. 6:17).

Panorama Doctrinal

Notas

Sus Propósitos

Dios declara por sus profetas los _____ de este tiempo de juicio:

1. '_____ *a todas las naciones entre las cuales te esparcí'* (Jer. 30:11a).
2. *'Te* _____ *con justicia; de ninguna manera te dejaré sin castigo'* (Jer. 30:11b).
3. '_____ *al morador de la tierra por su maldad contra él'* (Isa. 26:21a).
4. '_____ *apresurada hará de todos los habitantes de la tierra'* (Sof. 1:18b).

Daniel expone la culminación de este tiempo con los siguientes propósitos de bendiciones:

5. '_____ *la prevaricación'* (Dan. 9:34b).
6. *'Poner* _____ *al pecado'* (Dan. 9:34c).
7. '_____ *la iniquidad'* (Dan. 9:34d).
8. *'Traer la* _____ *perdurable'*

(Dan. 9:34e).
9. '_____ la visión y la profecía' (Dan. 9:34f).
10. '_____ al Santo de los santos' (Dan. 9:34g).

En resumen, podemos destacar _____ propósitos:[119]
1. Preparar a la nación de _____ para recibir a su _____.
2. Derramar _____ sobre los hombres, las naciones incrédulas y las fuerzas del mal.

Con estos propósitos queda claro y definido que la Gran Tribulación _____ corresponde a la _____. Daniel dice: *'Setenta semanas están determinadas sobre _____ pueblo y sobre _____ santa ciudad...'* (Dan. 9:24a). El foco es _____, y los demás afectados son los _____, no la _____.[120] De hecho, la Iglesia nunca es mencionada en todo este período.

Su Tiempo

El tiempo de la Gran Tribulación debe estudiarse en _____ sentidos:[121]

1. ¿_____ será? Este período es futuro y se inicia con la llegada de *'un _____'* (Dan. 9:26), que equivale al *'_____ pequeño'* (Dan. 7:8; 8:9), o *'al _____ que hará su voluntad y se ensoberbecerá...'* (Dan. 11:36), *'el hombre de pecado'* (2 Tes. 2:3). Esto se relaciona con los 7 sellos, cuyo primero corresponde a este príncipe, que es el _____: *'...y le fue dada una corona, y salió venciendo, y para vencer'* (Apoc. 6:2b). A partir de allí, se cumplen las profecías apocalípticas hasta el capítulo _____.

2. ¿_____ durará? La 'semana setenta' de la profecía de Daniel define la duración de este período. *'_____ semanas están determinadas sobre tu pueblo y sobre su santa ciudad...'* (Dan. 9:24a. Según la explicación del profeta, sesenta y nueve semanas ya se han cumplido, pero falta el cumpli-

Panorama Doctrinal

Notas

miento de la semana número _____. *'Y por otra semana confirmará el pacto con muchos; a la mitad de la semana hará cesar el sacrificio y la ofrenda. Después con la muchedumbre de las abominaciones vendrá el desolador, hasta que venga la consumación, y lo que está determinado se derrame sobre el desolador'* (Dan. 9:27). Esta semana equivale a _____ años: *'...porque ha sido entregado a los gentiles; y ellos hollarán la ciudad santa cuarenta y dos _____. Y daré a mis dos testigos que profeticen por mil doscientos sesenta _____...'* (Apoc. 11:2-3). El cálculo matemático de cuarenta y dos meses es igual a tres años y medio; y el cálculo de mil doscientos sesenta días es igual a tres años y medio también. En conclusión, este período de tiempo será de _____ años.[122]

Panorama Doctrinal

Su Naturaleza

Los siete años de tribulación, que aparecen divididos en dos períodos de tiempo de tres años y medio, se caracterizan por los siguientes eventos.

Los primeros tres años y medio se inician con el anticristo, quien hará un _____ con los judíos hasta que lo _____ a la mitad de la 'semana'. *'Y por otra semana confirmará el pacto con muchos; a la mitad de la semana hará cesar el sacrificio y la ofrenda'* (Dan. 9:27a). Este 'príncipe' _____ a Israel, y su pacto puede verse como un _____ cumplimiento del pacto abrahámico, ofreciendo bienestar religioso y político a Israel, pues él se hace pasar por _____.[123] *'El cual se opone y se levanta contra todo lo que se llama Dios o es objeto de culto; tanto que se sienta en el templo de Dios como Dios, haciéndose pasar por Dios'* (2 Tes. 2:4).

Notas

Dios designa a 144,000 judíos que fueron sellados para ser sus _____: *'...hasta que hayamos sellado en sus frentes a los siervos de nuestro Dios. Y oí el número de los sellados: ciento cuarenta y cuatro mil...'* (Apoc. 7:3-4).

Dios designa también a dos _____ quienes profetizarán proclamando el mensaje de Dios: *'Y daré a mis dos testigos que profeticen por mil doscientos sesenta días...'* (Apoc. 11:3).

Los últimos tres años y medio corresponden al tiempo de la _____ de la 'Gran Tribulación', pues _____ y sus _____ habían sido arrojados a la tierra: *'Y fue lanzado fuera el gran dragón... fue arrojado a la tierra, y sus ángeles fueron arrojados con él. ¡Ay de los moradores de la tierra y del mar! Porque el diablo ha descendido a vosotros con gran ira, sabiendo que tiene poco tiempo'* (Apoc. 12:9 y 12).

Panorama Doctrinal

Notas

Además, surge la _____ que representa el poder _____ gentil, que con su gran dominio recibe adoración, y exige que sus seguidores sean _____: *'Y la adoraron todos los moradores de la tierra cuyos nombres no estaban inscritos en el libro de la vida del Cordero...'* (Apoc. 13:8). *'Y que ninguno pudiese comprar ni vender, sino el que tuviese la marca o el nombre de la bestia, o el número de su nombre'* (Apoc. 13:17).

Los juicios de parte de Dios continúan, siendo derramadas por parte de los ángeles, las 7 _____ y las 7 _____; con ellos hubo desastres naturales y muerte.

Finalmente, todo el poder político, económico y religioso de la bestia, que guarda relación con la ramera (la gran Babilonia), es _____: *'Y los diez cuernos que viste en la bestia, éstos aborrecerán a la ramera, y la dejarán desolada y desnuda; y devorarán sus carnes, y la quemarán con fuego'* (Apoc. 17:16).

La Gran Tribulación inicia su final con la _____ gloriosa de Jesucristo con sus ejércitos celestiales, quien es *'EL VERBO DE DIOS, REY DE REYES Y SEÑOR DE SEÑORES'* (Apoc. 19:13 y 16). *'Y vi a la bestia, a los reyes de la tierra y a sus ejércitos, reunidos para guerrear contra el que montaba el caballo, y contra su ejército. Y la _____ fue apresada, y con ella el falso _____... Estos dos fueron lanzados vivos dentro de un lago de fuego que arde con azufre. Y los demás fueron muertos con la espada que salía de la boca del que montaba el caballo, y todas las aves se saciaron de las carnes de ellos'* (Apoc. 19:19-21).

El fin de los siete años se cerrará con las ____ bendiciones de Daniel 9:24 y con el escenario listo para el reino de los _____ años.

Panorama Doctrinal

Notas

Importante:

Durante la Gran Tribulación, muchos serán _____ para disfrutar la vida eterna. El testimonio de los dos _____ (Apoc. 11:4 y 7) y el servicio de los _____ judíos sellados (Apoc. 7:3), tendrá su fruto: *'Estos son los que han salido de la gran tribulación, y han lavado sus ropas, y las han emblanquecido en la sangre del Cordero'* (Apoc. 7:14). *'...y vi las almas de los decapitados por causa del testimonio de Jesús y por la palabra de Dios, los que no habían adorado a la bestia ni a su imagen, y que no recibieron la marca en sus frentes ni en sus manos; y vivieron y reinaron con Cristo mil años'* (Apoc. 20:4).

El Milenio

El '_____' es el tiempo en el que Cristo _____ universalmente, desde Jerusalén, para dar cumplimiento a los pactos con _____, con un reino de paz, prosperidad y justicia.[124]

El contexto histórico de este evento es el siguiente:

a. Cristo ha regresado en su _____

venida con sus ejércitos, *'...y su nombre es EL VERBO DE DIOS. Y los ejércitos celestiales... le seguían en caballos blancos'* (Apoc. 19:13-14).

b. Cristo puso _____ al imperio de la _____ (que es el tiempo de los gentiles) y a la Gran _____, *'y la bestia fue apresada, y con ella el falso profeta... Y los demás fueron muertos con la espada que salía de la boca del que montaba el caballo'* (Apoc. 19:20-21).

c. Un ángel _____ a Satanás por _____ años, *'Vi a un ángel que descendía del cielo, con la llave del abismo, y una gran cadena en la mano. Y prendió al dragón, la serpiente antigua, que es el diablo y Satanás, y lo ató por mil años; y lo arrojó al abismo, y lo encerró...'* (Apoc. 20:1-3).

d. Los _____ de la Gran Tribulación habrán _____, *'...y vi las almas de los decapitados... los que no habían adorado a la bestia... y vivieron...'* (Apoc. 20:4).

Así que, con este escenario todo está listo para consumar el plan de Dios con Israel.

El milenio es un tiempo caracterizado por paz, bienestar y prosperidad:

1. _____ será el Rey. *'...Y reinarán con Cristo mil años. ...Y reinarán con él mil años'* (Apoc. 20:4b, 6b).

2. _____ no podrá engañar (estará atado). *'Y prendió al dragón... para que no engañase más a las naciónes'* (Apoc. 20:2a y 3b).

3. El _____ de Dios habitará en este reino. *'Y pondré dentro de vosotros mi Espíritu, y haré que andéis en mis estatutos, y guardéis mis preceptos, y los pongáis por obra'* (Ezeq. 36:27).

Panorama Doctrinal

Notas

4. Habrá _____ espiritual. *'En aquel día estará grabado sobre las campanillas de los caballos: SANTIDAD A JEHOVÁ... Y toda olla en Jerusalén y Judá será consagrada a Jehová de los ejércitos...'* (Zac. 14:20-21).
5. Habrá bienestar _____. *'Edificarán casas, y morarán en ellas; plantarán viñas, y comerán el fruto de ellas... No trabajarán en vano, ni darán a luz para maldición...'* (Isa. 65:21-23).
6. Habrá bienestar _____. *'...Aún han de morar ancianos y ancianas en las calles de Jerusalén... Y las calles de la ciudad estarán llenas de muchachos y muchachas que jugarán en ellas'* (Zac. 8:4-5).
7. Habrá paz aun entre los _____. *'El lobo y el cordero serán apacentados juntos, y el león comerá paja como el buey'* (Isa. 65:25a).

El milenio dará el cumplimiento pleno de los beneficios de los _____ de Dios con Israel.[125]

Panorama Doctrinal

Notas

1. El pacto con _____ se cumplirá en relación a la tierra y el regreso de Israel a ella: *'El remanente volverá, el remanente de Jacob volverá al Dios fuerte. Porque si tu pueblo, oh Israel, fuere como las arenas del mar, el remanente de él volver; la destrucción acordada rebosará justicia'* (Isa. 10:21-22; cp. 11:11-12).
2. El pacto con _____ se cumplirá en relación al Rey y al trono: *'He aquí que vienen días, dice Jehová, en que levantaré a David renuevo justo, y reinará como Rey, el cual será dichoso, y hará juicio y justicia en la tierra'* (Jer. 23:5).
3. El _____ pacto se cumplirá en relación al perdón, a tener un nuevo corazón y a la plenitud del Espíritu: *'He aquí que vienen días, dice Jehová, en los cuales haré nuevo pacto con la casa de Israel y con la casa de Judá... Daré mi ley en su mente, y la escribiré en su corazón; y yo seré a ellos por*

Dios, y ellos me serán por pueblo... porque perdonaré la maldad de ellos, y no me acordaré más de su pecado' (Jer. 31:31-34).

Los mil años de paz terminarán cuando Satanás sea suelto, dando paso entonces a la batalla final.

La Batalla Final

La última batalla será de _____ contra el _____ de Dios y contra _____ mismo:

1. Satanás será _____ después del milenio. *'Cuando los mil años se cumplan, Satanás será suelto de su prisión'* (Apoc. 20:7; cp. 2-3).
2. El propósito de Satanás es _____ a las naciones. *'Y saldrá a engañar a las naciones que están en los cuatro ángulos de la tierra, a Gog y a Magog, a fin de reunirlos para la batalla; el número de los cuales es como la arena del mar'* (Apoc. 20:8).
3. La gran batalla de Satanás será contra los _____. *'Y subieron sobre la anchura de la tierra, y rodearon el campamento de los santos y la ciudad amada'* (Apoc. 20:9a).
4. Dios mismo pelea y vence a _____ y su _____. *'Y de Dios descendió fuego del cielo, y los consumió'* (Apoc. 20:9b).
5. Enjuiciamiento final de _____. *'Y el diablo que los engañaba fue lanzado en el lago de fuego y azufre... y serán atormentados día y noche por los siglos de los siglos'* (Apoc. 20:10).

De esta manera Satanás es final y completamente vencido por el Dios Todopoderoso.

Panorama Doctrinal

Notas

El Gran Trono Blanco

El gran trono blanco es el evento final del _____ de todos los que _____ a Jesucristo y a su salvación. Este evento pone _____ a la maldad humana.

Panorama Doctrinal

1. Dios (o Jesucristo mismo) será el _____. *'Y vi un gran trono blanco y al que estaba sentado en él... Y vi a los muertos, grandes y pequeños, de pie ante Dios'* (Apoc. 20:11a y 12a; cp. Jn. 5:22; Hech. 17:31).
2. El _____ del juicio es incierto. *'Y vi un gran trono blanco y al que estaba sentado en él, de delante del cual huyeron la tierra y el cielo...'* (Apoc. 20:11).
3. El _____ del juicio es después del milenio. *'Pero los otros muertos no volvieron a vivir hasta que se cumplieron mil años'* (Apoc. 20:5a).
4. Los _____ son los incrédulos (la segunda resurrección) de todos los tiempos y todos los lugares. *'Y vi a los muertos, grandes y pequeños, de pie ante Dios... y fueron juzgados los muertos... Y el mar entregó los muertos que había en él; y la muerte y el Hades entregaron los muertos que había en ellos; y fueron juzgados...'* (Apoc. 20:12-13).
5. Las _____ del juicio son:
   a. La ausencia de sus _____ en el libro de la vida. *'...y los libros fueron abiertos, y otro libro fue abierto, el cual es el libro de la vida. Y el que no se halló inscrito en el libro de la vida fue lanzado al lago de fuego'* (Apoc. 20:12b, 15).
   b. Las _____ registradas en el libro de las obras. *...y fueron juzgados los muertos por las cosas que estaban escritas en los libros, se-*

Notas

gún sus obras. Y fueron juzgados cada uno según sus obras' (Apoc. 20:12c, 13c).
6. El _____ del juicio fue:
   a. Enjuiciamiento final a la _____ y al _____. *'Y la muerte y el Hades fueron lanzados al lago de fuego. Esta es la muerte segunda'* (Apoc. 20:14; cp. 1 Cor. 15:26).
   b. Condenación final de los _____. *'Y el que no se halló inscrito en el libro de la vida fue lanzado al lago de fuego'* (Apoc. 20:15; cp. Mat. 25:41, 46).

Sumario: *'...Pero el que ____ cree, ya ha sido _____, porque no ha creído en el nombre del unigénito Hijo de Dios. ...Pero el que _____ creer en el Hijo no verá la _____, sino que la _____ de Dios está sobre él'* (Jn. 3:18, 36).

Dos Observaciones
Primera observación:
   Sumario de las 'resurrecciones'.
   Las resurrecciones _____ son las siguientes:[126]
1. Resurrección de _____.
   'Mas ahora Cristo ha resucitado de los muertos; primicias de los que durmieron es hecho. Pero cada uno en su debido orden: Cristo, las primicias...' (1 Cor. 15:20; 23a; cp. Mat. 28:6; Rom. 6:9; Col. 1:18).
2. Resurrección de los _____ (llamada la _____ resurrección o resurrección para vida):
   a. Los muertos en Cristo (la _____).
      '...y los muertos en Cristo resucitarán primero' (1 Tes. 4:16b; cp. 1 Cor. 15:52).
   b. Los _____ (o creyentes) de la gran _____. *'...y vi las almas de los decapitados por causa del testimonio de Jesús y por la palabra de Dios, los que no habían adorado a la bestia ni a su imagen, y que no recibieron la marca en sus frentes ni en sus manos; y*

> **Panorama Doctrinal**
>
> **Notas**

vivieron...' (Apoc. 20:4b). Y los _____ del _____ Testamento. *'Y tú iras hasta el fin, y reposarás, y te levantarás para recibir tu heredad al fin de los días'* (Dan. 12:13; cp. 12:2; Isa. 26:19-21).

3. Resurrección de los _____ (llamada la _____ resurrección o resurrección para muerte – muerte segunda). *'Pero los otros muertos no volvieron a vivir hasta que se cumplieron mil años'* (Apoc. 20:5). *'Y vi a los muertos, grandes y pequeños, de pie ante Dios... Y el mar entregó los muertos que había en él; y la muerte y el Hades entregaron los muertos que había en ellos... Y el que no se halló inscrito en el libro de la vida fue lanzado al lago de fuego'* (Apoc. 20:12-15).

En resumen...
La Escritura enseña dos _____ de resurrección:
  a. La resurrección para _____ eterna.
  b. La resurrección para muerte o _____ eterna.

'Y muchos de los que duermen en el polvo de la tierra serán despertados, unos para _____ eterna, y otros para vergüenza y _____ perpetua' (Dan. 12:2). *'...Porque vendrá hora cuando todos los que están en los sepulcros oirán su voz; y los que hicieron lo bueno, saldrán a resurrección de _____; mas los que hicieron lo malo, a resurrección de _____'* (Jn. 5:28-29). *'Bienaventurado y santo el que tiene parte en la _____ resurrección'* (Apoc. 20:6a).

Segunda observación:
  ¿Quiénes estarán en el 'lago de fuego'?
  1. La _____ y el falso _____. *'Y la bestia fue apresada, y con ella el falso profeta... Estos dos fueron*

_____ *vivos dentro de un lago de fuego que arde con azufre'* (Apoc. 19:20).

2. _____. *'Y el diablo que los engañaba fue _____ en el lago de fuego y azufre...'* (Apoc. 20:10).
3. Los ángeles caídos o _____. *'...malditos, al fuego eterno que ha sido _____ para el diablo y sus ángeles'* (Mat. 25:41b; cp. 2 Ped. 2:4; Jud. 6).
4. La _____ y el _____. *'Y la muerte y el Hades fueron _____ al lago de fuego'* (Apoc. 20:14).
5. Todo el que no se halló inscrito (los _____) en el libro de la vida. *'Y el que no se halló inscrito en el libro de la vida fue _____ al lago de fuego'* (Apoc. 20:15).
Finalmente:
'Y serán atormentados día y noche por los _____ de los _____' (Apoc. 20:10b).

Así quedan _____ Satanás y todos sus seguidores, en un estado _____ de _____.

Panorama Doctrinal

Notas

El Estado Eterno de los Salvos

Derrotado y condenado Satanás, todos sus seguidores y todo mal, ahora solo resta conocer el estado eterno de _____ los salvos de _____ los tiempos.

1. Dios creará _____ nuevos y _____ nueva.
   a. La profecía:
   'Porque he aquí que yo crearé nuevos _____ y nueva tierra; y de lo primero no habrá memoria...' (Isa. 65:17). *'Porque como los _____ nuevos y la nueva _____ que yo hago permanecerán delante de mí, dice Jehová...'* (Isa. 66:22). *'Pero nosotros esperamos, según sus promesas, _____ nuevos y _____ nueva, en los cuales mora la justicia'* (2 Ped. 3:13).
   b. El cumplimiento (aún es profecía):

'Vi un _____ nuevo y una _____ nueva; porque el primer cielo y la primera tierra pasaron, y el mar ya no existía más' (Apoc. 21:1).

El mismo Dios que _____ los actuales cielos y tierra, _____ cielos nuevos y tierra nueva para el disfrute de todos los pertenecientes al _____ Reino divino.

2. La nueva _____.

Jesucristo había dicho: 'En la casa de mi Padre muchas moradas hay; si así no fuera, yo os lo hubiera dicho; voy, pues, a preparar _____ para _____' (Jn. 14:2).

Ahora Juan dice: 'Y yo Juan vi la santa _____, la _____ Jerusalén, descender del cielo, de Dios, dispuesta como una esposa ataviada para su marido' (Apoc. 21:2). Podemos inferir que la _____ santa es la _____ que Cristo está preparando.

Esta ciudad:

    a. Desciende del _____. 'Y yo Juan vi la santa ciudad, la nueva Jerusalén, descender del _____, de Dios' (Apoc. 21:2a).

    b. Es un lugar donde Dios _____. 'Y oí una gran voz del cielo que decía: He aquí el tabernáculo de Dios con los hombre, y él _____ con ellos; y ellos serán su pueblo, y Dios mismo _____ con ellos como su Dios' (Apoc. 21:3).

    c. Es el lugar donde mora la _____ del Cordero. '...Y habló conmigo, diciendo: Ven acá, yo te mostraré la desposada, la _____ del Cordero. Y me llevó en el Espíritu a un monte grande y alto, y me mostró la gran _____ santa de Jerusalén, que descendía del cielo, de Dios' (Apoc. 21:9-10).

Panorama Doctrinal

Notas

d. Su estructura y belleza:
   - 'La ciudad se halla establecida en _____, y su longitud es igual a su anchura; y él midió la ciudad con la caña, doce mil estadios; la longitud, la altura y la anchura de ella son iguales' (Apoc. 21:16).
   - 'Tenía un _____ grande y alto con doce _____; y en las puertas, doce _____, y nombres inscritos, que son los de las doce _____ de los hijos de Israel; al oriente tres puertas; al norte tres puertas; al sur tres puertas; al occidente tres puertas. Y el muro tenía doce _____, y sobre ellos los doce nombres de los doce _____ del Cordero... Y midió su muro, ciento cuarenta y cuatro codos... El material de su muro era de _____; y los cimientos del muro... estaban adornados con toda piedra _____... Las doce puertas eran doce perlas; cada una de las puertas era una _____' (Apoc. 21:12-14, 17-19, 21a).
   - '...La ciudad era de _____ puro, semejante al vidrio limpio' (Apoc. 21:18b).
   - 'Y la calle de la ciudad era de _____ puro, transparente como vidrio' (Apoc. 21:21b).
   - 'No vi en ella _____... La ciudad no tiene necesidad de _____ ni de _____... allí no habrá _____' (Apoc. 21:22, 23, 24).
   - 'Después me mostró un _____ limpio de agua de vida, resplandeciente como cristal, que salía del trono de Dios y del Cordero'

> **Panorama Doctrinal**
>
> **Notas**

(Apoc. 22:1).
e. Sus residentes:
- '*Y _____ mismo estará con ellos como su Dios*' (Apoc. 21:3b).
- '*...Y el _____ es su lumbrera*' (Apoc. 21:23b).
- '*...Y sus _____ le servirán*' (Apoc. 22:3b).
- '*Sino que os habéis acercado al monte de Sión, a la ciudad del Dios vivo, Jerusalén la celestial, a la compañía de muchos millares de _____, a la _____ de los primogénitos que están inscritos en los cielos, a _____ el Juez de todos, a los _____ de los justos hechos perfectos, a _____ el Mediador del nuevo pacto...*' (Heb. 12:22-24).
- '*No entrará en ella ninguna cosa _____... sino solamente los que están _____ en el libro de la vida del Cordero*' (Apoc. 21:27; cp. 21:8; 22:15).

Esta nueva Jerusalén será parte entonces de los nuevos cielos y la nueva tierra.

3. La _____ en el Reino Eterno.
   a. _____ sin sufrimiento.

'*Enjugará Dios toda lágrima de los ojos de ellos; y ya no habrá muerte, ni habrá más llanto, ni clamor, ni dolor; porque las primeras cosas pasaron. Y no habrá más maldición*' (Apoc. 21:4; 22:3a).

   b. La _____ de Dios.

'*Teniendo la gloria de Dios*' (Apoc. 21:11a). '*...Porque la gloria de Dios la ilumina*' (Apoc. 21:23b).

   c. _____, eternidad, eternidad.

'*Y reinarán por los siglos de los siglos*' (Apoc. 22:5b).

Fanny J. Crosby[127] escribió el himno 'Yo podré reconocerle',[128] y dijo:

1
Cuando al final se termine aquí mi vida terrenal,
Y el río oscuro tenga que cruzar,
En la otra ribera al Salvador conoceré;
Su sonrisa bienaventurada me dará.

Coro:
Yo podré reconocerle;
Sus heridas allí contemplaré.
Bien podré reconocerle
Cuando a Cristo en la gloria le veré.

2
¡Oh qué gozo será vivir allí con el Señor,
Y su rostro y hermosura contemplar!
Con los santos gozosos en perfecta comunión
Le adoraré por la eternidad.

3
Por los bellos portales me conducirá Jesús;
No habrá pecado, ni ningún dolor;
Gozaré con los suyos alabanzas entonar,
Más primero quiero ver a mi Señor.

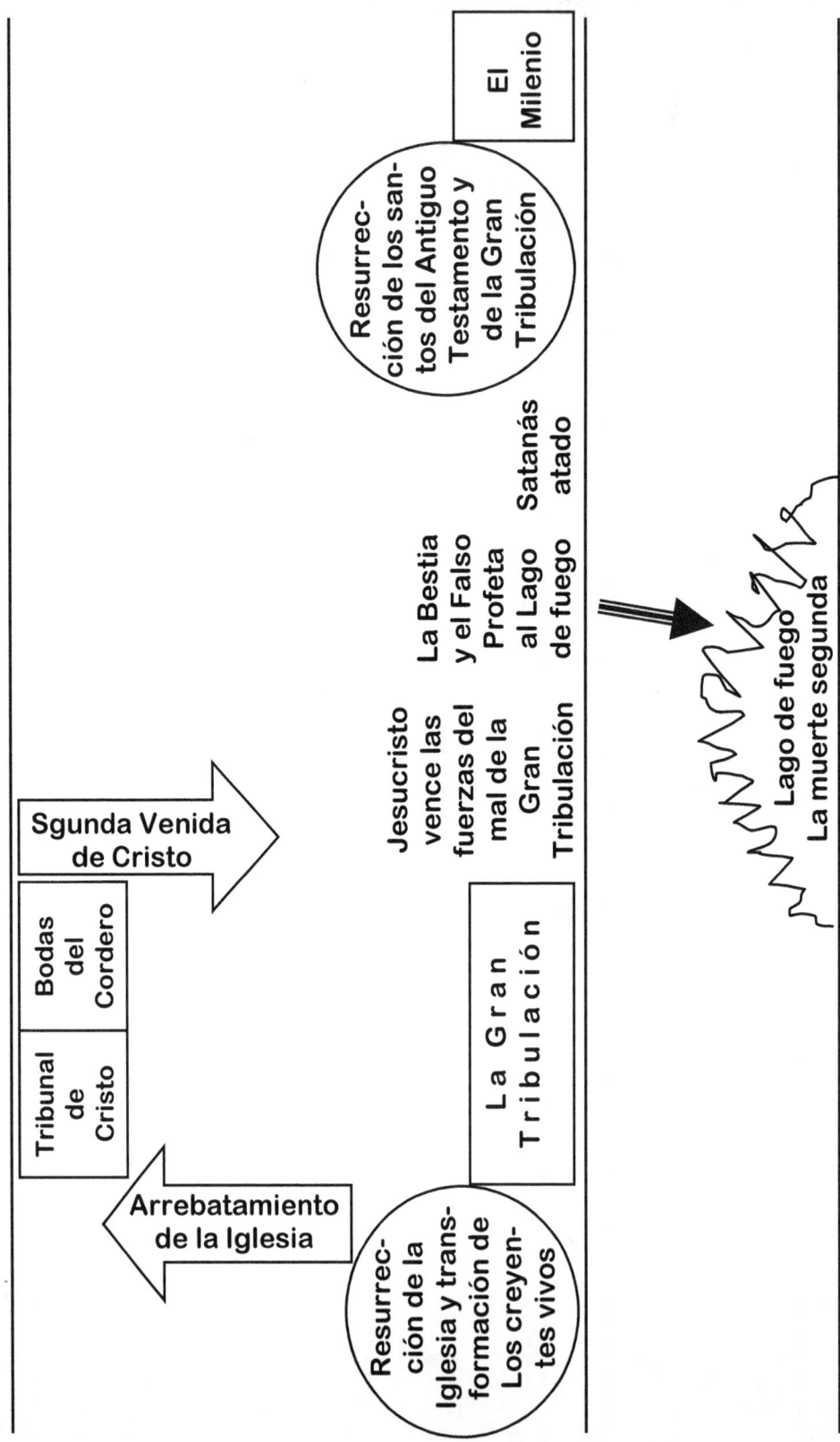

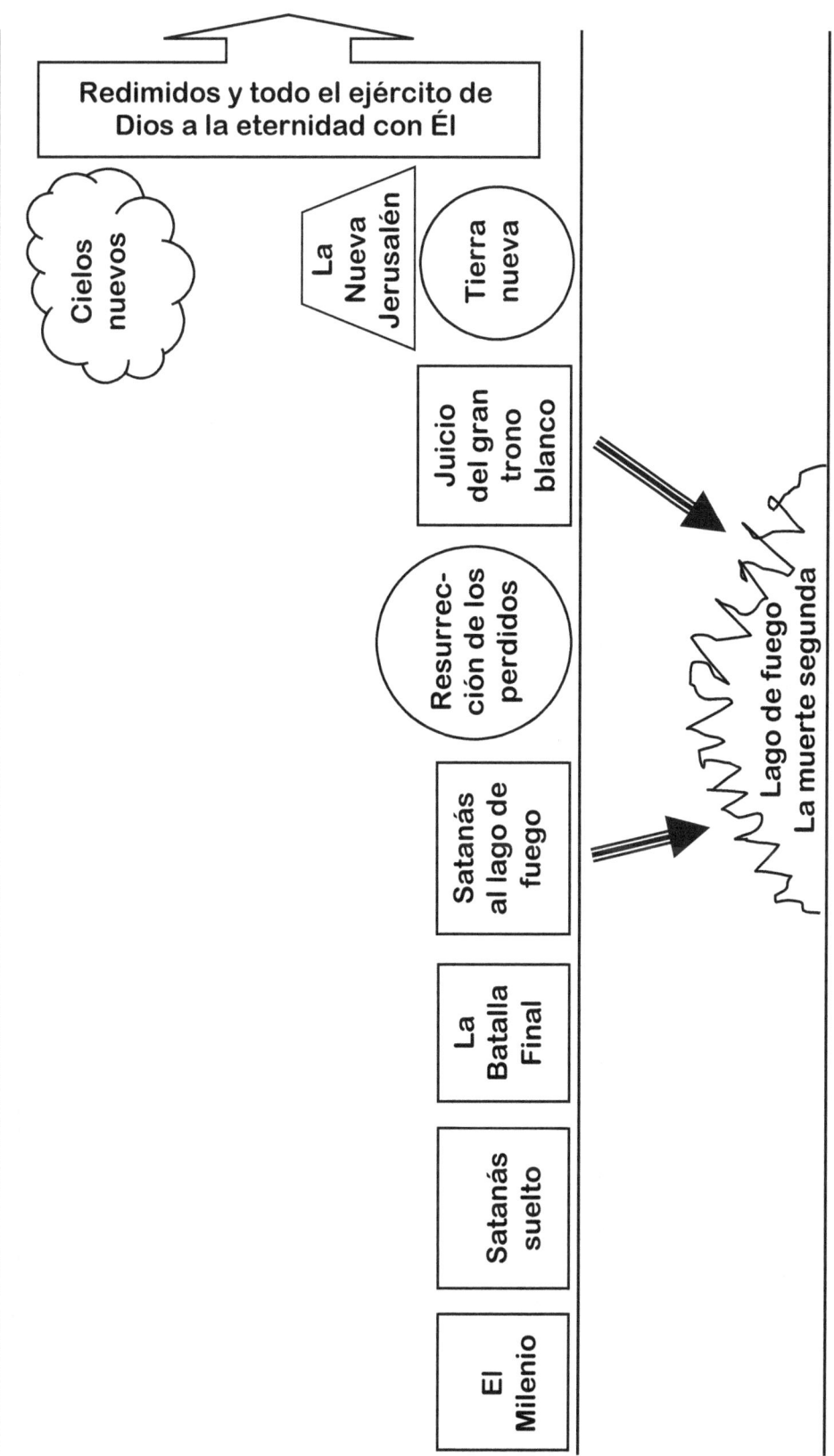

CONCLUSIÓN

Conocer la doctrina bíblica es poder _____ y _____ a Dios, y esto es motivo de sentirnos bienaventurados y privilegiados. La Escritura afirma: *'Así dijo Jehová: No se alabe el sabio en su sabiduría, ni en su valentía se alabe el valiente, ni el rico se alabe en sus riquezas. Mas alábese en esto el que se hubiere de alabar: en _____ y _____, que yo soy Jehová...'* (Jer. 9:23-24); por lo tanto...

Ahora que Conoces la Doctrina Como el Fundamento de la Fe Cristiana...

1. Estás _____ para definir tu _____ como cristiano. *'Amados, ahora somos _____ de Dios, y aún no se ha manifestado lo que hemos de ser; pero sabemos que cuando él se manifieste, seremos _____ a él, porque le veremos tal como él es'* (1 Jn. 3:2).

2. Estás _____ para crecer en tu _____ espiritual. *'Hasta que todos lleguemos a la unidad de la fe y del conocimiento del Hijo de Dios a un varón _____ a la medida de la estatura de la plenitud de Cristo'* (Efe. 4:13).

3. Estás _____ para _____ para Dios y para el prójimo. *'Retenedor de la palabra fiel tal como ha sido enseñada, para que también pueda _____ con sana enseñanza y _____ a los que contradicen'* (Tit. 1:9).

4. Estás _____ para servir en el _____. *'Lo que has oído de mí ante muchos testigos, esto encarga a hombres fieles que sean idóneos para _____*

Panorama Doctrinal

Notas

también a otros' (2 Tim. 2:2).
5. Estás _____ de las _____ humanas. *'Mirad que nadie os engañe por medio de filosofías y huecas sutilezas, según las _____ de los hombres, conforme a los rudimentos del mundo, y no según Cristo'* (Col. 2:8).
6. Estás _____ del _____. *'...para que mandases a algunos que no enseñen _____ doctrina'* (1 Tim. 1:3).
7. Estás _____ para confrontar a los _____. *'...para que también pueda exhortar con sana enseñanza y convencer a los que _____ '* (Tit. 1:9).

Panorama Doctrinal

Notas

¿Cuáles son Nuestros Compromisos con la Doctrina?

1. _____ en ella. *'Y perseveraban en la doctrina de los apóstoles'* (Hech. 2:42).
2. _____. *'...habéis obedecido de corazón a aquella forma de doctrina...'* (Rom. 6:17).
3. _____. *'Presentándote tú en todo como ejemplo... en la enseñanza mostrando integridad, seriedad'* (Tit. 2:7).
4. _____ con ella. *'...nutrido con las palabras de la fe y de la buena doctrina...'* (1 Tim. 4:6).
5. _____. *'Pero tú habla lo que está de acuerdo con la sana doctrina'* (Tit. 2:1).
6. _____ a otros con ella. *'...para que también pueda exhortar con sana enseñanza...'* (Tit. 1:9).
7. _____ *'...para que en todo adornen la doctrina de Dios...'* (Tit. 2:10).
8. _____. *'Y ahora habéis llenado a Jerusalén de vuestra doctrina'* (Hech. 5:28).
9. _____. *'...retened la doc-*

trina que habéis aprendido...' (2 Tes. 2:15).

10. No _____. *'...que no enseñen diferente doctrina'* (1 Tim. 1:3).

Recuerda...

'Ser capaz de citar de memoria una verdad bíblica no es necesariamente una señal de haberla _____, tienes que _____ para cambiar de perspectiva, y vivirla para _____ a tu vida'.[130]

Además, 'la base de la ____ y la _____ de la vida del cristiano, es la Biblia, lo que ella dice es la enseñanza o _____ por la que debemos ser guiados'.

Finalmente, _____ tu vida de acuerdo a la _____: *'Ten cuidado de ti mismo y de la doctrina; persiste en ello, pues haciendo esto, te salvarás a ti mismo y a los que te oyeren'* (1 Tim. 4:16). Y, no enseñes como _____ mandamientos _____: *'Pues en vano me honran, enseñando como doctrina, mandamientos de hombres'* (Mat. 15:9; cp. Jn. 7:16).

Panorama Doctrinal

Notas

Notas Finales

1. *Pequeño Larousse Ilustrado*, pág. 356.
2. Tom Holladay y Kay Warren. *Fundamentos* (vol. 1), pág. 29.
3. *Ibid.*, pág. 33.
4. *Ibid.*
5. *Ibid.*, págs. 33-34.
6. *Doctrina: Bibliología* (folleto). Instituto Bíblico Quisqueyano.
7. *Ibid.*
8. *Ibid.*
9. *Ibid.*
10. Dennis J. Mock, *Perspectiva General de la Doctrina Bíblica*, pág. 75.
11. Roy T. Edgemon. *Los Cimientos de nuestra Fe,* pág. 21.
12. Dennis J. Mock, *Perspectiva General de la Doctrina Bíblica*, pág. 75.
13. *Doctrina: Bibliología* (folleto). Instituto Bíblico Quisqueyano.
14. *Pequeño Larousse Ilustrado*, pág. 783.
15. Dennis J. Mock, *Perspectiva General de la Doctrina Bíblica*, pág. 71.
16. *Ibid.*, págs. 72-73.
17. Lewis Sperry Chafer. *Teología Sistemática* (Tomos I), pág. 220.
18. *El Método Teológico* (folleto), pág. 17.
19. Lewis Sperry Chafer. *Teología Sistemática* (Tomos II), pág. 479.
20. *Doctrina: Cristología* (folleto). Instituto Bíblico Quisqueyano.
21. *Ibid.*
22. *Ibid.*
23. *Ibid.*
24. *Ibid.*
25. *El Método Teológico* (folleto), pág. 32, y Dennis J. Mock, *Perspectiva General de la Doctrina Bíblica*, pág. 112.
26. *Doctrina: Cristología* (folleto). Instituto Bíblico Quisqueyano.
27. Dennis J. Mock, *Perspectiva General de la Doctrina Bíblica*, págs. 113-114.
28. Lewis Sperry Chafer. *Teología Sistemática* (Tomos I), pág. 388.
29. *Doctrina: Cristología* (folleto). Instituto Bíblico Quisqueyano.
30. *Ibid.*
31. *Ibid.*
32. Wilton M. Nelson, Editor. *Diccionario Ilustrado de la Biblia,* pág. 333.
33. *Doctrina: Cristología* (folleto). Instituto Bíblico Quisqueyano.
34. Roy T. Edgemon. *Los Cimientos de nuestra Fe,* pág. 35.
35. Wilton M. Nelson, Editor. *Diccionario Ilustrado de la Biblia,* pág. 572.
36. Dennis J. Mock, *Perspectiva General de la Doctrina Bíblica*, pág. 128.
37. *Ibid.*
38. Wilton M. Nelson, Editor. *Diccionario Ilustrado de la Biblia,* págs. 542-543.
39. *Ibid.*, pág. 526.
40. *Doctrina: Cristología* (folleto). Instituto Bíblico Quisqueyano.
41. *Ibid.*
42. *Doctrina: Soteriología* (folleto). Instituto Bíblico Quisqueyano.
43. *Doctrina: Cristología* (folleto). Instituto Bíblico Quisqueyano.

44. *Ibid.*
45. *Ibid.*
46. *Doctrina: Neumatología* (folleto). Instituto Bíblico Quisqueyano.
47. *Ibid.*
48. Dennis J. Mock, *Perspectiva General de la Doctrina Bíblica*, pág. 159.
49. *Ibid.*, pág. 160.
50. *Doctrina: Angelología* (folleto). Instituto Bíblico Quisqueyano.
51. *Ibid.*
52. *Ibid.*
53. *El Método Teológico* (folleto), pág. 51.
54. *Doctrina: Angelología* (folleto). Instituto Bíblico Quisqueyano.
55. *Ibid.*
56. Dennis J. Mock, *Perspectiva General de la Doctrina Bíblica*, págs. 174-175.
57. *El Método Teológico* (folleto), pág. 55.
58. Dennis J. Mock, *Perspectiva General de la Doctrina Bíblica*, págs. 175.
59. Tom Holladay y Kay Warren. *Fundamentos* (vol. 1), págs. 230-243.
60. Dennis J. Mock, *Perspectiva General de la Doctrina Bíblica*, págs. 186.
61. *Doctrina: Antropología* (folleto). Instituto Bíblico Quisqueyano.
62. Dennis J. Mock, *Perspectiva General de la Doctrina Bíblica*, págs. 189.
63. *Ibid.*, pág. 190.
64. W. E. Vine. *Diccionario Expositivo de Palabras del Nuevo Testamento* (A-D), págs. 79-80.
65. Dennis J. Mock, *Perspectiva General de la Doctrina Bíblica*, págs. 193.
66. Wilton M. Nelson, Editor. *Diccionario Ilustrado de la Biblia,* págs. 607.
67. *Ibid.*, pág. 265.
68. *Ibid.*, pág. 607.
69. *Ibid.*
70. *Ibid.*, pág. 265.
71. *Ibid.*, págs. 285-286.
72. *Ibid.*, págs. 298-299.
73. *Ibid.*, pág. 487.
74. *Ibid.*, pág. 114.
75. Tom Holladay y Kay Warren. *Fundamentos* (vol. 2), pág. 147.
76. Dennis J. Mock, *Perspectiva General de la Doctrina Bíblica*, págs. 203-204.
77. *Ibid.*, pág. 203.
78. *Ibid.*, págs. 211-212.
79. *Doctrina: Soteriología* (folleto). Instituto Bíblico Quisqueyano.
80. *El Método Teológico* (folleto), pág. 84.
81. *Ibid.*, pág. 85.
82. *Ibid.*
83. *Ibid.*, pág. 86.
84. Dennis J. Mock, *Perspectiva General de la Doctrina Bíblica*, pág. 227.
85. *Doctrina: Soteriología* (folleto). Instituto Bíblico Quisqueyano.
86. *Ibid.*
87. *Ibid.*
88. Dennis J. Mock, *Perspectiva General de la Doctrina Bíblica*, pág. 221.

89. *Doctrina: Soteriología* (folleto). Instituto Bíblico Quisqueyano.
90. Dennis J. Mock, *Perspectiva General de la Doctrina Bíblica*, pág. 233.
91. *Doctrina: Soteriología* (folleto). Instituto Bíblico Quisqueyano.
92. Dennis J. Mock, *Perspectiva General de la Doctrina Bíblica*, pág. 233.
93. Roy T. Edgemon. *Los Cimientos de nuestra Fe,* pág. 66.
94. *El Método Teológico* (folleto), pág. 87.
95. *Ibid.*
96. Dennis J. Mock, *Perspectiva General de la Doctrina Bíblica*, pág. 237.
97. *Ibid.*, pág. 238.
98. *Ibid.*, pág. 220.
99. *El Método Teológico* (folleto), págs. 81-82.
100. *Pequeño Larousse Ilustrado*, pág. 775.
101. *Ibid.*, pág. 804.
102. Roy T. Edgemon. *Los Cimientos de nuestra Fe,* pág. 78.
103. W. E. Vine. *Diccionario Expositivo de Palabras del Nuevo Testamento* (A-D), pág. 150.
104. *Doctrina: Eclesiología* (folleto). Instituto Bíblico Quisqueyano.
105. *Ibid.*
106. *El Método Teológico* (folleto), pág. 105.
107. Lewis Sperry Chafer. *Teología Sistemática* (Tomos II), págs. 46-47.
108. Dennis J. Mock, *Perspectiva General de la Doctrina Bíblica*, pág. 241.
109. *El Método Teológico* (folleto), págs. 107-108.
110. Manuel Smith. *Los Dones Espirituales* (folleto).
111. *Ibid.*
112. Dennis J. Mock, *Perspectiva General de la Doctrina Bíblica*, pág. 286.
113. *El Método Teológico* (folleto), pág. 113.
114. J. Dwight Pentecost. *Eventos del Porvenir*, pág. 173.
115. *El Método Teológico* (folleto), pág. 113.
116. J. Dwight Pentecost. *Eventos del Porvenir*, pág. 174.
117. *Ibid.*
118. Dennis J. Mock, *Perspectiva General de la Doctrina Bíblica*, pág. 289.
119. J. Dwight Pentecost. *Eventos del Porvenir*, pág. 183.
120. *El Método Teológico* (folleto), pág. 115.
121. *Ibid.*, pág. 114.
122. Evis L. Carballosa. *Daniel y el Reino Mesiánico*, págs. 205-206.
123. J. Dwight Pentecost. *Eventos del Porvenir*, pág. 192.
124. Dennis J. Mock, *Perspectiva General de la Doctrina Bíblica*, pág. 280.
125. *Ibid.*, pág. 298.
126. *Ibid.*, págs. 300-301.

127. Fanny J. Crosby nació en 1820. Siendo recién nacida quedó ciega como resultado de una receta médica equivocada. En el regazo de su abuela conoció mucho de la Biblia, y a los 31 años entregó su vida a Cristo. Con todo ese conocimiento bíblico, escribió unos 9,000 himnos. Crosby murió en el año 1915, pero a alguien que quiso consolarla por ser ciega, le dijo: 'no se lamente, al llegar al cielo el primer rostro que veré será el de mi Salvador'. *Celebremos su Gloria,* himno 570.
128. *Ibid.,* himno 559.
129. Dennis J. Mock, *Perspectiva General de la Doctrina Bíblica*, pág. 275.
130. Tom Holladay y Kay Warren. *Fundamentos* (vol. 1), pág. 37.

Bibliografía

Dennis J. Mock. *Perspectiva General de la Doctrina Bíblica*. Atlanta Georgia, EUA. 1990.

Tom Holladay y Kay Warren. *Fundamentos*. Editorial Vida; Miami, Florida. 2005.

Roy T. Edgemon. *Los Cimientos de nuestra Fe.* Lifeway; Nashville, Tennessee. 2001.

Lewis Sperry Chafer. *Teología Sistemática* (Tomos I y II. Publicaciones Españolas; Milwaukee, Wisconsin. 1986.

J. Dwight Pentecost. *Eventos del Porvenir.* Editorial Vida; Miami, Florida. 1984.

El Método Teológico (folleto). Seminario Teológico Centroamericano; Guatemala, C. A.

Doctrina (folleto). Instituto Bíblico Quisqueyano, República Dominicana.

Evis L. Carballosa. *Daniel y el Reino Mesiánico*. Publicaciones Portavoz Evangélico; Barcelona, España. 1979.

Wilton M. Nelson, Editor. *Diccionario Ilustrado de la Biblia.* Editorial Caribe; Miami, Florida, EE. UU. 1974.

W. E. Vine. *Diccionario Expositivo de Palabras del Nuevo Testamento* (A-D). Editorial Clie; Terrassa, Barcelona. 1989.

Pequeño Larousse Ilustrado. Edición internacional. Colombia. 2001.

Celebremos su Gloria. Editorial Unilit. Miami, FL. 1992.

www.ingramcontent.com/pod-product-compliance
Lightning Source LLC
Chambersburg PA
CBHW081013040426
42444CB00014B/3188